Ramosé, prince du Nil

1. Le fils du pharaon

Dans la même série

First published 2001
Titre original : *Ramose, prince in exile*
Pour l'édition française :

ISBN : 978-2-7459-1248-0

CAROLE WILKINSON

Ramosé, prince du Nil

1. Le fils du pharaon

Traduit de l'anglais (Australie)
par Natalie Zimmermann

MILAN POCHE
HISTOIRE

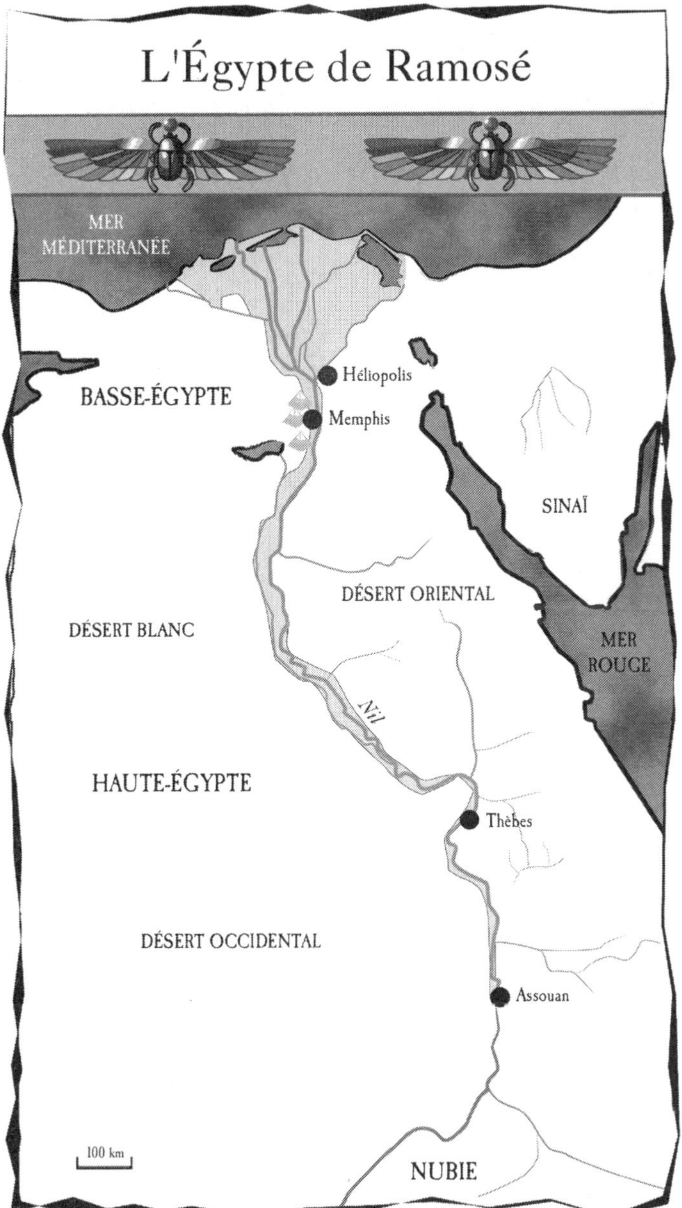
L'Égypte de Ramosé
MER
MÉDITERRANÉE
Héliopolis
BASSE-ÉGYPTE
Memphis
SINAÏ
DÉSERT ORIENTAL
DÉSERT BLANC
MER
ROUGE
Nil
HAUTE-ÉGYPTE
Thèbes
DÉSERT OCCIDENTAL
Assouan
100 km
NUBIE

Pour Maryann et Andrew

CHAPITRE 1

L'enfant se tenait sur une colline rocheuse et aride. Il regarda autour de lui. Pas un brin d'herbe ne poussait. Il baissa les yeux. Pourquoi ses vêtements étaient-ils si poussiéreux et pourquoi portait-il ces affreuses sandales de roseau ? Où étaient passées les siennes, en cuir rouge à bout recourbé ?

Il entendit un chant funèbre s'élever du pied de la colline. Une procession s'étirait en bas, dans la vallée. Un prêtre à tête de chacal ouvrait la marche. Le soleil se reflétait sur l'or et les joyaux. Un beau cercueil reposait sur un traîneau ouvragé tiré par six bœufs. Six prêtres suivaient. Tous étaient vêtus d'une tunique blanche éclatante et d'une peau de léopard drapée sur leurs épaules. Il s'agissait d'une procession funéraire. Le garçon redoubla d'attention. Allait-on mettre beaucoup d'objets dans le tombeau ? Y avait-il beaucoup de monde pour suivre le cortège ?

Cet enterrement avait de quoi l'intéresser tout particulièrement.

C'était le sien.

Ramosé se réveilla et frissonna. Il espérait que ce n'était qu'un rêve, mais il avait trop peur pour ouvrir les yeux. Et si ce n'en était pas un ? Il souleva une paupière et distingua quelque chose de vert. Il ouvrit l'autre et vit du bleu. Il poussa un soupir de soulagement. Il se trouvait dans sa chambre à coucher. Audessus de lui s'étirait la fresque murale aux couleurs vives représentant son père en train de chasser l'hippopotame. Son père se tenait debout sur une embarcation de papyrus[1] et brandissait une lance. L'eau, sous le bateau, grouillait de poissons et d'anguilles. Le malheureux hippopotame, inconscient du sort qui l'attendait, se vautrait sur la rive boueuse. Les herbes qui poussaient au bord de l'eau fourmillaient d'oiseaux et de papillons. Sur le mur opposé, on avait représenté le dieu Amon* à peau bleue.

Toute sa vie, au réveil, Ramosé avait ouvert les yeux sur ces peintures, et il s'y était attaché. Il ne voyait pas son père très souvent, mais au moins pouvait-il regarder son portrait, et Amon, roi des dieux, veillait sur lui pendant son sommeil.

Par la fenêtre, Ramosé apercevait les palmiers et les tamaris de son petit jardin privé. Il se leva et sortit. Il faisait déjà chaud malgré l'heure matinale. Il

1. Plante à tige triangulaire, qui pousse en terrain marécageux, utilisée pour fabriquer une sorte de papier.

* Les mots ou groupes de mots suivis d'un astérisque sont expliqués en fin de volume.

gravit l'escalier de pierre jusqu'au toit. Les autres édifices aux murs blancs du palais se dressaient devant lui.

Ramosé respira profondément. Une odeur familière emplit ses narines : le parfum d'humidité, presque de pourriture, qui provenait des champs cultivés, à l'est. Par-delà les murs du palais, derrière les jardins, serpentait le ruban argenté et miroitant du Nil*. De l'autre côté du fleuve s'étendait la grande ville de Thèbes* et, au nord, l'enceinte du temple, avec ses obélisques imposants et ses oriflammes colorées qui claquaient au sommet de mâts dorés. Ramosé retourna dans sa chambre. Deux domestiques l'attendaient pour le vêtir d'un pagne et d'une tunique d'un blanc immaculé – confectionnés dans une fine toile de lin. Ils lui apportèrent du pain frais, des gâteaux fourrés aux pruneaux et du jus de grenade. Ramosé s'assit sur un siège élégant dont les pieds étaient sculptés en pattes de lion, et commença à manger le pain pendant qu'on lui mettait ses sandales.

–Pas celles-ci, fit-il en rejetant les sandales brunes que lui enfilait un serviteur. Je veux les rouges à bout recourbé.

Un domestique renversa quelques gouttes de jus par terre.

–Espèce de maladroit ! gronda Ramosé. Et puis ce pain est trop dur. Dis au boulanger que je le veux plus moelleux.

Héria entra avec Topi, le petit singe de Ramosé. L'animal poussa des cris aigus et se précipita vers son jeune maître pour lui prendre le pain de la bouche. Ramosé se mit à rire.

– Héria, j'ai rêvé que j'assistais à ma propre procession funéraire, annonça le garçon, qui redevint grave en se remémorant son rêve. Qu'est-ce que cela signifie ?

Héria était la nourrice des enfants royaux. Elle avait déjà été la nourrice de leur père et était à présent une vieille femme aux cheveux grisonnants. Héria savait interpréter les rêves.

– C'est un bon présage de rêver de sa propre mort, assura la vieille femme en triturant la petite amulette* en forme de flacon qu'elle portait toujours autour du cou. Cela signifie que votre vie sera longue.

Elle sourit tendrement au garçon.

Ramosé fut soulagé. Une fois, Héria l'avait empêché de s'approcher du fleuve pendant un mois parce qu'il avait rêvé qu'il buvait une tasse d'eau verdâtre. Elle avait jugé que c'était un très mauvais rêve, qui annonçait qu'il mourrait noyé.

– Ce n'est pas encore fini ? demanda avec emportement Ramosé au serviteur qui le coiffait.

Il le repoussa rudement et prit Topi dans ses bras. Le singe enroula sa queue autour du bras de son maître, lui faisant comme un bracelet de fourrure.

Ramosé sortit dans le couloir. Il avait envie de jouer. Il pénétra dans le vestibule ouest. Celui-ci ne contenait rien d'autre que six énormes colonnes de pierre en granit rouge rapporté du pays de Kouch[1]. Elles étaient si grosses que trois hommes se tenant par la main ne parvenaient pas à en faire le tour, et elles étaient plus hautes que les palmiers du jardin. Ramosé ne se sentait pourtant nullement écrasé par ces colonnes gigantesques. Il les avait côtoyées toute sa vie.

Ramosé se sentait bien seul au palais, ces derniers temps. Son père était parti en campagne à Kouch, à moins que ce ne fût au pays de Pount[2] ? Le père de Ramosé était la plupart du temps en campagne, et le garçon oubliait le plus souvent où. Quant à ses frères... ses frères n'étaient plus.

Ouadzmosé, son frère aîné, avait péri dans un accident de char, trois ans plus tôt, alors qu'il effectuait son service militaire à Memphis, la ville du nord de l'Égypte. Aménèmes, qui n'avait qu'un an de plus que Ramosé, avait été pris de crampes d'estomac après avoir mangé du bouquetin, et avait succombé l'an passé. Sa mère n'était plus qu'un lointain souvenir. Il ne restait plus à présent que lui et sa sœur, Hatchepsout*. C'était évidemment sans compter Thoutmosis*, son demi-frère pleurnichard, et l'horrible

1. Région située au sud de l'Égypte, équivalent du Soudan actuel.
2. Pays situé au sud-est de l'Égypte, équivalent de la Somalie actuelle.

mère du gamin, Moutnefret, qui – Amon en soit remercié – restaient dans leur propre partie du palais. Heureusement, ils allaient bientôt partir passer les mois d'hiver au palais des femmes d'Abou Ghourob.

Les seules personnes qu'il croisait dans le vestibule étaient les domestiques, et tous baissaient les yeux à son approche. Ils n'avaient pas le droit de le regarder dans les yeux. Alors il s'amusait à se retourner brusquement vers eux pour les surprendre et, si leur regard croisait le sien, ils devaient s'agenouiller devant lui et lui demander pardon.

Il arriva dans les appartements de sa sœur. Celle-ci se trouvait encore dans son vestiaire.

– Tu viens jouer avec moi, Pénou ? lança-t-il, appelant sa sœur par le surnom qu'il lui donnait toujours et qui signifiait « souris ».

– Ce n'est plus de mon âge, répondit-elle des profondeurs de ses appartements. Va jouer avec ton singe stupide.

Ramosé s'apprêtait à entrer pour lui tirer les cheveux, mais l'une des suivantes de Hatchepsout l'arrêta.

– Tu ne peux pas entrer ici, décréta-t-elle.

Ramosé n'insista pas. Les suivantes de sa sœur étaient plus sévères que les gardes. Ce n'étaient pas des servantes, mais les filles des nobles qui entouraient son père, et elles traitaient Hatchepsout comme si elle était un vase précieux particulièrement fragile. Il s'éloigna.

Lorsqu'il arriva dans le vestibule est, Ramosé aurait volontiers parlé à n'importe qui – n'importe qui sauf le vizir[1] Ouersou, qu'il vit venir dans sa direction. Ramosé plongea derrière une colonne. Ouersou était le personnage le plus important d'Égypte après le pharaon. Ramosé ne l'aimait pas. Le vizir était grand et maigre, avec des mains osseuses qui faisaient penser à de gros insectes lorsqu'elles vous touchaient. Il avait une bouche aux lèvres minces, pleine de petites dents pointues. Ramosé le comparait toujours à un crocodile. Le vizir se tenait généralement immobile, en retrait, mais pouvait en un clin d'œil passer à l'attaque.

–Bonjour, fit-il d'une voix grave et profonde.

Ramosé sursauta. Ouersou avait surgi derrière lui. Le garçon se disait parfois que le vizir devait voir à travers la pierre.

–J'espère que Votre Majesté a passé une bonne nuit.

Sa bouche mince souriait, mais il en allait autrement de ses yeux. Son regard semblait dire à Ramosé qu'il ne souhaitait pas du tout que le jeune prince eût passé une bonne nuit. Le vizir paraissait presque savoir qu'il avait fait un cauchemar. Topi se mit à gronder. Lui non plus n'aimait pas Ouersou.

–J'ai très bien dormi, vizir. Je suis parfaitement reposé.

1. Le Premier ministre du pharaon, chef de l'administration du pays.

Puis Ramosé reprit son chemin à travers le vestibule et gagna le jardin. Il s'assit près du bassin aux lotus tandis que Topi grimpait aux palmiers pour cueillir des dattes. Le souvenir de son rêve avait mis le garçon mal à l'aise. Kénében, le tuteur de Ramosé, surgit alors près de lui. C'était un jeune homme au visage avenant, le plus souvent souriant.

– C'est l'heure de vos leçons, Altesse, dit-il en s'inclinant.

Ramosé aimait beaucoup son tuteur, mais cela ne voulait pas dire qu'il aimait les leçons.

– Je n'irai pas en cours aujourd'hui, annonça Ramosé en croisant les bras d'un air buté. Je veux descendre pêcher à la rivière.

– Vos leçons sont très importantes, prince Ramosé, rappela patiemment Kénében.

– Pourquoi ? C'est si ennuyeux.

– L'héritier du pharaon se doit d'être instruit.

Ramosé ne s'était pas encore fait à l'idée qu'il deviendrait un jour pharaon. Lorsqu'il était plus jeune, c'était à ses frères qu'incombait ce fardeau. En tant que benjamin, il avait alors toute liberté de jouer avec les fils des hauts fonctionnaires de son père, qui habitaient au palais. Mais maintenant que ses frères étaient morts, cette charge lui revenait.

– Je n'ai pas besoin de savoir lire et écrire. J'ai juste besoin d'apprendre à chasser et commander une armée, comme mon père, protesta Ramosé. Tu sais bien que j'aurai des centaines de scribes* pour faire tous les travaux de lecture et d'écriture à ma place.

– Il ne sera jamais bon que vos scribes en sachent plus que vous, Altesse, répliqua Kénében. Le vizir lui-même ne devrait pas être plus instruit que Pharaon.

Ramosé se moquait des scribes, mais il voulait indubitablement en savoir plus que Ouersou. Kénében sut qu'il avait gagné la partie. Il sourit et se dirigea vers la salle de classe. Ramosé le suivit.

CHAPITRE 2

Le prince Ramosé avait l'esprit vif. Il savait déchiffrer les hiéroglyphes* qu'on utilisait uniquement sur les murs des tombeaux et des temples. Il pouvait aussi lire l'écriture cursive dont se servaient les scribes pour tenir leurs registres. Il était capable de faire des additions dans sa tête sans avoir à les écrire. Le prince avait également une bonne connaissance de l'histoire égyptienne. Il avait appris les noms de tous les pharaons depuis le commencement des temps.

Mais s'il y avait une chose que Ramosé maîtrisait très mal, c'était l'écriture. Il connaissait tous les mots, mais, dès qu'il les copiait sur un papyrus, personne n'arrivait à les déchiffrer. Son écriture manquait de soin et ses lignes manuscrites faisaient des vagues sur le papyrus comme des traces de scarabée sur le sable. Il n'arrivait jamais à prendre ce qu'il fallait d'encre au bout de son pinceau. Soit il y en avait trop et les lettres se muaient en taches informes, soit il n'y en avait pas assez et ses traits étaient trop inconsistants pour être lus. Kénében l'incitait à s'entraîner chaque jour.

Ramosé s'assit par terre, son pagne étendu sur ses genoux croisés pour lui servir d'écritoire. La princesse Hatchepsout entra dans la salle de classe, accompagnée par deux de ses suivantes. Ramosé sourit à sa sœur. Elle ne le rejoignit pas sur une natte tressée, mais prit place sur une chaise ornée de lotus sculptés, rajusta sa robe et arrangea ses longs cheveux, ce qui la fit ressembler aux déesses peintes sur les murs du temple. Elle n'avait que treize ans, soit deux ans de plus que Ramosé, et présentait encore un visage enfantin, mais se comportait déjà comme une femme. La princesse se déplaçait avec grâce, s'exprimait avec calme et n'avait jamais envie de faire de bêtises.

– Pourquoi viens-tu en classe tous les jours, Pénou ? lui demanda Ramosé. Les filles ne sont pas obligées d'apprendre à lire et à écrire. Si je n'y étais pas forcé, moi, j'irais faire des trucs plus intéressants dehors.

– Mais je trouve que c'est important d'apprendre l'art des scribes, répliqua Hatchepsout en prenant les pinceaux et la palette que lui tendait sa servante. Je me marierai un jour, et mon époux sera heureux d'avoir une femme qui puisse l'aider à conduire ses affaires.

Kénében leur donna à tous deux un vieux papyrus à recopier.

–Oh non, pas encore celui-là ! grogna Ramosé. J'ai déjà écrit ça au moins cinquante fois.

Il s'agissait d'un texte qui vantait la vie facile des scribes par rapport à celle des fermiers ou des laboureurs.

Ramosé grommelait toujours :

–Je ne serai jamais scribe. Qu'est-ce que j'en ai à faire, qu'ils aient les mains calleuses ou pas ?

Hatchepsout ne se plaignit pas.

Ramosé ouvrit sa boîte à pinceaux, superbe coffret d'ébène incrusté d'or, d'ivoire et de turquoise. Il prit une tige de roseau et entreprit d'en mâchonner l'extrémité pour en faire un pinceau. Il se mit à cracher des filaments de roseau. Que c'était désagréable ! Sa sœur faisait préparer ses pinceaux par ses servantes. Il faudrait qu'il pense à faire pareil. Kénében lui apporta un bol rempli d'eau. Ramosé y plongea son pinceau, puis le frotta sur la pastille d'encre de sa palette et se mit à écrire.

–Altesse, attendez ! l'interrompit Kénében. Vous devez d'abord adresser une incantation à Thot, dieu de l'écriture, et répandre de l'eau en son honneur.

–Mais ces incantations et ces libations sont l'affaire des scribes, protesta Ramosé. Je ne suis pas un scribe.

Hatchepsout murmurait l'incantation en répandant quelques gouttes d'eau sur son papyrus. Elle commença alors à copier la leçon. Elle avait une écriture élégante et régulière, qui formait des lignes droites comme des flèches. Ramosé plongea ses doigts dans l'eau et mouilla trop copieusement son papyrus. Il l'essuya avec son pagne et se mit à écrire.

Lorsqu'ils eurent terminé de copier le texte, Kénében plongea son pinceau de roseau dans l'encre rouge pour corriger leur travail. Sur le papyrus de Ramosé, il raya des mots à chaque ligne et les réécrivit en rouge dans la marge.

– Vous faites des progrès, Altesse.

Ramosé savait que Kénében mentait.

– Vous aimeriez peut-être réécrire certains mots ? reprit Kénében.

Il n'était qu'un précepteur et ne pouvait se permettre de dire tout simplement au futur pharaon qu'il avait une écriture déplorable. Kénében passa ensuite au travail d'Hatchepsout et se mit à lire, son pinceau suspendu au-dessus du manuscrit.

– Pas une seule erreur, princesse, déclara-t-il en reposant son pinceau inutilisé. Et, comme toujours, chaque mot est parfaitement tracé. Vous avez une écriture superbe.

Hatchepsout sourit à son maître, qui s'inclina devant elle comme si c'était elle qui venait de lui faire un compliment.

– J'en ai assez des leçons, dit Ramosé en bâillant.

– Vous n'avez pas encore fait de lecture de hiéroglyphes, Altesse, indiqua Kénében.

Ramosé gémit en voyant Kénében dérouler un rouleau de papyrus long d'au moins cinq coudées[1] et couvert de pictogrammes.

– Ces hiéroglyphes sont superbement dessinés, Kénében, remarqua Hatchepsout.

Le maître rougit.

– Vous êtes trop bonne, princesse.

– Je vais commencer à lire, dit-elle.

C'était le récit d'une bataille menée par un pharaon d'une dynastie précédente. Hatchepsout lisait bien, et Ramosé fut bientôt suffisamment captivé pour avoir envie de lire à son tour.

– C'est beaucoup plus intéressant que le texte sur les scribes, décréta-t-il.

Ramosé finit cependant par se lasser aussi. Il décroisa ses jambes raidies et se leva. Il avait des taches d'encre sur son pagne.

– J'en ai assez appris. Je vais à la rivière jouer à la bataille navale. Tu viens avec moi, Pénou ?

Sa sœur éclata de rire.

– J'aurais la peau aussi sombre que celle d'une paysanne si je t'écoutais, dit-elle. Je préfère rester à l'intérieur.

Quelques années auparavant, elle se serait amusée tout autant que Ramosé à faire semblant que les ibis étaient des soldats ennemis et à les combattre à

1. Principale mesure de longueur, correspondant à la distance moyenne entre le coude et le bout des doigts d'un homme, soit 52,5 cm.

coups de tiges de papyrus. Mais à présent, elle trouvait les jeux de son frère puérils. Elle passait tout son temps en compagnie de ses suivantes, qui frottaient sa peau pâle avec des huiles parfumées, accrochaient des ornements dans ses cheveux et enduisaient ses paupières de fard vert.

Ramosé descendit d'un pas vif le sentier qui menait à la rivière. Trois domestiques se hâtaient à sa suite. L'un avait un éventail pour rafraîchir le prince s'il avait trop chaud. Un autre portait un siège au cas où le prince voudrait s'asseoir. Le troisième portait une jarre pleine d'eau et du raisin. Ramosé ordonna à l'un d'eux de pénétrer dans l'eau et de feindre d'être un hippopotame afin qu'il puisse avoir quelque chose à chasser. Le serviteur obéit bien qu'il y eût parfois des crocodiles dans cette partie du fleuve.

Il ne fallut pas dix minutes à Ramosé pour se lasser de ce jeu. Il n'y avait pas si longtemps, ce genre de divertissement l'aurait occupé pendant des heures. Il se laissa tomber sur le siège à pieds de lion et soupira. C'était beaucoup moins amusant de jouer quand on était tout seul. À moins qu'il ne devînt tout simplement trop vieux pour ces jeux. Cette pensée le déprima. Il se releva pour lancer du raisin à une volée de canards et glissa sur la berge boueuse. Voilà qu'il se retrouvait avec des taches de boue en plus des taches d'encre sur son pagne. Il crut voir l'un des serviteurs ricaner. Ramosé sentit la colère le gagner.

–Je suis fatigué, dit-il. Vous pouvez me porter jusqu'au palais.

Deux des serviteurs le soulevèrent sur sa chaise et le portèrent tout le long du chemin. Il leur fit prendre le trajet le plus long, par les grenadiers et le long des jardins potagers. Cela leur apprendrait à se moquer de lui.

Héria l'attendait au palais.

–Il est largement l'heure de votre déjeuner, prince, dit-elle.

Ramosé s'aperçut alors qu'il avait très faim. Il prit la main de la vieille femme.

–J'ai bien envie d'un œuf de pélican, Héria, annonça-t-il.

–J'en fais chercher un aux cuisines immédiatement.

Héria et Kénében s'assirent sur des nattes de roseau à même le sol. Ils ne mangeraient que quand leur prince aurait terminé son repas. Ramosé s'assit sur un tabouret. Une servante disposa des plats devant lui, sur une table basse.

–Je prendrai un peu de gazelle et du pain en attendant mon œuf de pélican, dit-il.

Héria lui présenta le plat. Il saisit la viande avec ses doigts.

–Où est Topi ? demanda-t-il en portant la nourriture à sa bouche.

Héria poussa un cri soudain. Kénében se leva d'un bond et se jeta sur Ramosé. Il écarta d'une bourrade la main du garçon au moment où celui-ci allait engloutir la viande de gazelle.

Le jeune prince regarda son précepteur d'un air stupéfait.

– Qu'est-ce qui vous prend ? fit-il avec emportement.

Héria tremblait. Son doigt osseux désignait un petit tas sur le sol. Ramosé regarda plus attentivement. Le petit tas était couvert de poils bruns. C'était Topi. Le garçon s'agenouilla près de son singe.

– Qu'est-ce qu'il a ? demanda-t-il en ramassant le corps inerte de l'animal.

La langue du petit singe lui sortait de la bouche.

– Il est mort ! Topi est mort !

Il regarda son précepteur et sa nourrice, en quête d'une explication. Ils présentaient tous deux un visage sinistre. Héria retira l'amulette qu'elle portait autour du cou et la tendit à Kénében. Celui-ci brisa le sceau qui la fermait. L'amulette était en fait un petit flacon. Kénében attrapa Ramosé sans ménagement.

– Qu'est-ce que vous faites ? J'appelle les gardes !

Le précepteur avait une expression dure et ne répondit pas. Il y avait dans ses yeux une lueur farouche et déterminée que Ramosé ne lui avait jamais vue. Le jeune prince eut peur – peur pour sa vie. Kénében lui introduisit de force le goulot de la fiole entre les lèvres et en vida le contenu dans sa bouche. Puis il lui tira les cheveux en arrière pour l'obliger à avaler. Ramosé fut surpris de découvrir une telle force chez son maître. Il sentit le liquide amer lui couler dans la gorge. Il parvint alors à se libérer de l'étreinte de Kénében et se leva. Mais ses jambes refusèrent de lui obéir et se dérobèrent aussitôt sous lui. La pièce tournoya. Héria pleurait. Le jeune prince entendit les oiseaux chanter dans le jardin. Puis les sons s'éloignèrent. Sa nourrice et son précepteur lui parurent de plus en plus petits. Il ouvrit la bouche pour leur demander ce qu'ils lui avaient fait, mais le sol se rapprocha soudain et lui heurta le visage.

CHAPITRE 3

Ramosé se réveilla en frissonnant. Il espérait que ce n'était qu'un rêve, mais il avait trop peur pour ouvrir les yeux. Et si ce n'en était pas un ? Il souleva une paupière et ne distingua rien. Il avait mal au cœur. Il ouvrit l'autre œil. Tout demeura noir. Il ne voyait absolument rien mais sentait une drôle d'odeur. C'était le parfum salé du natron, ce mélange dont se servaient les prêtres pour conserver les corps avant de les momifier. Et il y avait aussi l'odeur douceâtre de l'huile de genévrier, que l'on versait sur le corps une fois qu'il avait été enveloppé de bandelettes de lin. Il était allongé sur une table de pierre froide. « Ce n'est pas un rêve », songea Ramosé. Son estomac se retourna. « Je suis mort. On va m'ouvrir le corps, me retirer les viscères et me transformer en momie. » Ramosé entendit quelqu'un bouger. Il souleva la tête. Il y avait, dans un coin, une silhouette penchée au-dessus d'une lampe.

–Vous êtes réveillé ! s'exclama une voix familière.

– Héria ! souffla Ramosé. Est-ce que tu es morte aussi ?

– Vous n'êtes pas mort, Altesse.

– Nous sommes bien dans une tombe*, n'est-ce pas ?

Héria secoua la tête, aida Ramosé à s'asseoir et lui donna à boire un peu d'eau fraîche.

– C'est une salle d'embaumement, sous le temple de Maât, expliqua la vieille femme.

Ramosé se sentit perdu. Il avait encore l'esprit embrumé. Il se trouvait sur une table de pierre qui servait à embaumer les morts. Il distinguait les rigoles qui emportaient le sang lorsqu'on ouvrait les cadavres avec une lame acérée. « Qu'est-ce que je fais dans une salle d'embaumement si je ne suis pas mort ? » se demanda-t-il. Il but l'eau et la vomit instantanément. Héria lui frotta le dos, comme elle le faisait toujours quand il avait mal au cœur.

– Qu'est-ce qui m'arrive, Héria ?

Ramosé essayait de se rappeler ce qui s'était passé. Quelque chose d'effrayant, quelque chose de si terrible que son cerveau préférait le lui cacher.

Kénében entra et s'inclina devant le prince.

– J'espère que vous vous sentez mieux, Altesse, dit-il.

Brusquement, Ramosé se rappela : la poigne de son précepteur et le goût du liquide amer. Il regarda alternativement son précepteur et sa nourrice. Les deux personnes en qui il avait toujours eu le plus confiance.

–Vous m'avez empoisonné, dit-il en essayant de se lever.

Kénében s'agenouilla aux pieds de son prince.

–Non, Altesse. Je ne vous souhaite rien d'autre que longue vie et santé florissante.

–Quelqu'un a bien essayé de vous empoisonner, mon prince, mais, Amon en soit remercié, la tentative a échoué.

Héria s'assit près de Ramosé et entreprit de lui raconter une histoire. Elle lui en avait raconté beaucoup depuis sa naissance, mais aucune qui lui eût jamais fait aussi peur.

–Dès que la reine Moutnefret est arrivée au palais, dit la nourrice, j'ai su que nous allions avoir des ennuis. À la mort de votre chère mère, Moutnefret a fait en sorte de devenir la favorite de Pharaon. Puis votre demi-frère est né, et j'ai deviné ce qu'elle avait en tête. Elle voulait que son propre fils soit le prochain pharaon. J'ai trouvé une incantation écrite dans une amulette, autour du cou de l'enfant. J'ai porté l'incantation à Kénében pour savoir de quoi il s'agissait.

Kénében poursuivit le récit :

–C'était un maléfice visant à apporter la mort sur vous et sur vos frères royaux, Altesse. Je ne crois pas que la magie paysanne puisse tuer un héritier du trône, mais quand votre frère, le prince Ouadzmosé, est mort, je me suis demandé s'il s'agissait bien d'un accident. Lorsque le prince Aménèmes est mort à son tour, j'ai été convaincu que quelqu'un s'en prenait à la vie des princes et que vous seriez le prochain.

– Depuis ce moment, nous vous surveillons jour et nuit, dit Héria avec des larmes dans la voix. Le poison était notre plus grande crainte. C'est pourquoi nous faisions goûter à votre singe tout ce que vous deviez manger.

Tous ces événements obscurs commençaient à s'expliquer.

– Pauvre Topi, commenta Ramosé.

Par bien des côtés, le singe avait été son meilleur ami.

Ramosé prit une autre gorgée d'eau et, cette fois, parvint à la garder. Il essaya alors une bouchée de pain.

– Quand pourrai-je rentrer au palais ? Nous devons envoyer des messagers à mon père.

– Je ne crois pas que ce soit sage, Altesse.

– Pourquoi ? Si Pharaon sait ce qu'elle a fait, il fera jeter la reine Moutnefret en prison.

– Nous ne pouvons pas prouver qu'elle est derrière tout ça. Elle niera. Pharaon l'aime beaucoup et elle sait se rendre très convaincante.

Ramosé avait la migraine. Il n'arrivait pas à comprendre ce que son précepteur et sa nourrice avaient en tête.

– Mais qu'est-ce que je vais faire ? Je ne peux pas rester ici – à moins que vous ne comptiez faire de moi un embaumeur.

Ramosé se mit à rire malgré la douleur qui lui vrillait le crâne et ses crampes d'estomac. La simple idée qu'il eût à travailler pour gagner sa vie était ridicule. Cependant, ni Kénében ni Héria ne se joignirent à son rire. Ils ne sourirent même pas.

– Si vous voulez devenir pharaon un jour, Altesse, vous devez rester caché jusqu'à ce que vous soyez assez vieux pour prétendre au trône.

– Caché ? Vous voulez dire emprisonné ?

– Non, Altesse.

– Nous y avons beaucoup réfléchi. Il n'y a que très peu de personnes au palais en qui nous pouvons avoir confiance. Le vizir est vraisemblablement du côté de la reine. C'est un homme puissant que personne n'ose défier. Chaque serviteur, chaque esclave est donc un ennemi potentiel. Il est trop dangereux que vous restiez au palais.

– Nous pourrions vous cacher dans une autre ville... voire dans un autre pays.

Ramosé frissonna à la pensée de devoir quitter l'Égypte.

– Où que vous alliez, de toute façon, le vizir et la reine finiront par l'apprendre.

– La seule façon d'assurer votre sécurité, c'est de laisser penser que vous êtes mort.

– La potion que vous avez bue, Altesse, vous a donné toutes les apparences d'un mort.

Héria se remit à pleurer à ce souvenir.

–Quand on vous a emporté pour vous embaumer, j'ai réussi à échanger votre corps contre celui d'un petit paysan sensiblement du même âge que vous, qui venait de succomber à une maladie.

–Mon père pense-t-il que je suis mort ? Et ma sœur ?

–Oui. C'était la seule façon de vous sauver.

–Mais vous ne voulez tout de même pas que je reste là ? questionna Ramosé en désignant la pièce imprégnée de poussière et d'odeurs.

–Non, Altesse, bien sûr que non, assura Kénében. Nous pensons vous faire passer pour un apprenti scribe.

–Un apprenti scribe !

–Oui, Altesse, dit Héria. Vous n'aurez pas à effectuer de travaux physiques, et vous possédez déjà les rudiments de l'écriture.

–J'ai trouvé un scribe qui cherche un apprenti. Sa femme et lui n'ont pas d'enfant. Il désire donc former un garçon susceptible de lui succéder.

–Je ne serai jamais scribe ! cria Ramosé. Je suis le fils de Pharaon, héritier du trône d'Égypte. Je refuse. Vous ne pouvez pas m'obliger !

CHAPITRE 4

Ramosé se pencha par-dessus bord et laissa traîner sa main dans l'eau bleue du fleuve. Un vieil homme faisait avancer le bateau de papyrus en ramant sur le Nil, sève de l'Égypte. Sans le fleuve, l'Égypte n'existerait pas, il le savait. C'est le fleuve qui donnait aux Égyptiens de quoi boire et arroser les cultures. Chaque année, à la saison d'Akhet[1], le fleuve prenait une teinte verte et débordait. Les champs disparaissaient sous la crue. Puis l'eau se retirait, le Nil retrouvait son lit et une couche de limon noir recouvrait toutes les terres arables. C'était un don des dieux qui permettait aux fruits et aux légumes de grossir et de se charger de saveurs. Ramosé savait tout cela parce que Kénében le lui avait appris. Il prit un peu d'eau du Nil au creux de ses mains et la but.

La petite embarcation atteignit la rive occidentale du fleuve, et Ramosé en descendit. Il portait une tunique d'étoffe grossière sur son pagne. Mais il avait

1. De juillet à octobre.

encore ses sandales préférées en cuir rouge. Il avait insisté pour les garder.

Le sentier qui partait du fleuve contournait le palais. Derrière ces murs, qu'il pouvait presque toucher, il y avait sa sœur, son précepteur et sa chère nourrice. Peut-être son père s'y trouvait-il aussi, tout juste rentré d'une campagne triomphante au pays de Kouch. Mais avec ceux qui l'aimaient, le palais abritait aussi ceux qui voulaient le voir mort – la reine, le vizir et le jeune prince Thoutmosis.

Ramosé poursuivit sa route sans s'arrêter. Il n'y avait personne pour lui faire ses adieux au moment de quitter tous ces lieux familiers. La veille, Héria et Kénében étaient sortis du palais en catimini et à des heures différentes pour venir lui dire au revoir. Il aurait été beaucoup trop dangereux pour lui d'être vu avec l'un ou l'autre, et ils n'osaient confier à personne le soin de le guider. Alors Kénében lui avait dessiné une carte sur une petite feuille de papyrus.

Le prince suivit un chemin entre un canal et des champs de blé et de légumes. Le chemin était ombragé par des palmiers. Les paysans vaquaient à leurs occupations sans lui prêter la moindre attention. Le chemin se mit à serpenter parmi des figuiers et des vignes. Avec un seau de peau accroché au bout d'une perche munie d'un contrepoids, un homme apportait de l'eau d'un canal pour son champ. Il arrosait soigneusement chaque plant de melon et d'oignon. Ramosé respira l'air humide chargé de senteurs de fruits mûrs, de fleurs de lotus et de fumier.

Puis les champs s'interrompirent brusquement, comme si l'on avait tracé une ligne sur la terre. Il n'y avait plus au-delà une seule terre irriguée. Le désert commençait aussi soudainement que les champs s'arrêtaient. Et le chemin, jusque-là lisse et bien entretenu, se muait en un sentier sableux et accidenté, sans aucun arbre pour l'ombrager. Les parfums familiers de l'Égypte que Ramosé connaissait se dissipèrent alors que l'air sec et moins odorant du désert emplissait ses narines.

Ramosé ne s'était jamais aventuré dans le désert auparavant. C'était un endroit dangereux, habité seulement par des barbares, les peuplades des sables et les morts. Le sentier commençait à grimper. Il n'y avait de part et d'autre que du sable brûlant... et des cailloux sur lesquels Ramosé parvint à s'étaler de tout son long. Il ramassa la pierre qui l'avait fait trébucher et la jeta avec colère au pied de l'escarpement. Elle rebondit contre la surface rocheuse. Si Ramosé s'était trouvé au palais, il aurait réprimandé un serviteur pour avoir laissé sur son passage l'obstacle qui l'avait fait tomber. Il aurait agoni le serviteur d'injures et cela lui aurait fait du bien. Ramosé regarda la pierre se fracasser en atteignant le fond. Il se sentit plus mal encore

Il s'assit sur le sable et dut faire un gros effort pour ne pas pleurer. En temps normal, à peine se cognait-il le genou contre un tabouret que trois domestiques se précipitaient pour voir s'il avait besoin de soins. On aurait même appelé un prêtre pour dire une prière. Mais là, il se retrouvait étalé par terre sans personne pour l'aider. Pour la première fois de sa vie, il était seul. Le soleil impitoyable lui brûlait la nuque. Ramosé leva les yeux vers la pente abrupte qui l'attendait. Il se leva et se remit en marche. Il avait une longue route devant lui.

La colline se mua en escarpement plutôt raide, et le sentier formait des lacets de plus en plus marqués. Des cailloux acérés entraient dans ses sandales. Ramosé rajusta le sac qu'il portait à l'épaule. C'était une simple poche de roseau tressé – de celle que prenaient les paysans pour emporter leur déjeuner au champ. Mais en cet instant, ce petit sac contenait tout ce que Ramosé possédait.

Le jeune prince arriva au sommet de l'escarpement et s'assit, le souffle court. Il regarda derrière lui en s'abritant les yeux du soleil. Dans le lointain, il vit le ruban miroitant du Nil, bordé d'une bande verte de chaque côté. Il fut impressionné de découvrir à quel étroit cordon de fertilité se réduisait l'Égypte, accrochée aux rives du Nil. Au-delà, le désert hostile s'étendait aussi loin que portait le regard. Au bord du fleuve, Ramosé distinguait à peine les murs du palais blanchis à la chaux. De l'autre côté s'étiraient la ville et l'enceinte du temple, avec ses étendards flottant au vent et ses dorures rutilant au soleil. C'est là qu'il venait de passer ces deux dernières semaines, caché dans un sous-sol. Ramosé tourna alors le dos au Nil, à la contrée qu'il avait connue toute sa vie, et passa de l'autre côté de la crête pour descendre dans une autre vallée.

Le garçon ne comprenait pas pourquoi on appelait le désert la Terre rouge, alors que tout semblait revêtir une couleur jaune sale. La pente qui s'étendait à ses pieds était semée de rochers et de silex témoignant d'une ancienne falaise depuis longtemps éboulée. Il eut peine à distinguer au fond de la vallée un village en briques de terre de la même couleur que les montagnes désertiques alentour. Il ne l'aurait sans doute même pas remarqué s'il ne l'avait pas cherché. De loin, les constructions de briques crues pouvaient passer pour un élément du relief, façonné par les vents. Il n'y avait ni verdure, ni dorure, ni le moindre signe de vie. C'est ici qu'il allait désormais habiter : au village des bâtisseurs de tombes.

De l'autre côté de la colline d'en face, Ramosé savait qu'il trouverait le Grand Lieu, la vallée que son père avait choisie pour son tombeau et pour ceux de tous les pharaons à venir. C'était un endroit spécial, un endroit consacré aux dieux, où Pharaon espérait que son tombeau échapperait aux pilleurs.

Ramosé avait d'abord refusé de quitter la ville. En tant que prince, il était habitué à agir selon sa propre volonté. Mais en y réfléchissant, il avait compris que Héria et Kénében avaient raison. Il ne pourrait être en sécurité au palais. La reine Moutnefret était une femme puissante et décidée, redoutée des domestiques comme des fonctionnaires. Ramosé avait donc fini par accepter leur plan. Il se ferait passer pour un apprenti scribe en attendant que Kénében et Héria puissent établir la preuve de la perfidie de la reine Moutnefret à l'encontre de ses frères et de lui-même. Ils rechercheraient les personnes qui avaient fourni le poison, celles qui avaient provoqué l'accident de char de son frère, et leur soutireraient la vérité avec de l'or. Ils avaient assuré que cela ne prendrait pas plus de six mois.

Kénében avait trouvé au village des artisans un scribe appelé Paneb qui cherchait à prendre un garçon en apprentissage. Le scribe avait pensé trouver un garçon sur place, mais de l'or et du cuivre à profusion l'avaient convaincu qu'il ne saurait trouver mieux que Ramosé.

Le jeune prince répétait la nouvelle histoire de sa vie dans sa tête tout en marchant. Il était né dans une lointaine région du sud de l'Égypte. Il était fils d'une personnalité locale et avait reçu une bonne instruction afin de suivre les traces de son père. Mais une terrible maladie avait ravagé la ville, et ses parents avaient tous les deux succombé. Il en avait miraculeusement réchappé et avait été recueilli par un oncle. Or l'oncle venait à son tour de mourir, le laissant seul au monde. Ramosé espéra qu'il avait bien retenu tous les détails

CHAPITRE 5

Le village des artisans n'était pas très accueillant. Entouré d'un mur d'enceinte en briques crues, il n'avait qu'une entrée. Ramosé se sentait épuisé. Il avait en fait mis moins de deux heures pour venir de la ville, mais il n'avait jamais autant marché de sa vie. Il était midi passé et il mourait de faim et de soif.

Le village ne comportait qu'une seule rue, et elle était déserte. Elle méritait en fait à peine le nom de rue. C'était juste un passage entre deux rangées de constructions. La carte de Kénében indiquait la maison du scribe sur la gauche, vers le milieu de la rue. Il n'y avait pas tant d'habitations que ça, et le village tout entier aurait tenu dans un coin du palais.

Ramosé ne tarda pas à arriver devant la maison qui portait le nom de Paneb au-dessus de la porte. Bien que fatigué et affamé, il avait terriblement envie de faire demi-tour et de courir au palais pour dire à Kénében qu'il avait changé d'avis. Mais la porte s'ouvrit brusquement et une petite silhouette en jaillit, manquant de le renverser. Il s'agissait d'une toute jeune fille.

Ramosé ne put s'empêcher de la regarder avec insistance. Elle avait la peau aussi sombre que la boue du Nil. Elle portait de grandes boucles aux oreilles et un collier de grosses perles orangées autour du cou. Ses cheveux formaient une masse de boucles noires et serrées. Elle était coiffée d'une bande d'étoffe grossière à larges rayures rouges et vertes, et avait la taille prise dans une étrange ceinture composée de bouts de tissu au pliage compliqué. Elle toisa elle aussi l'inconnu.

– Qu'est-ce que tu regardes ?

Personne ne s'était jamais adressé à Ramosé de cette manière. Il ouvrit la bouche pour appeler la garde et demander qu'on arrête cette fille, puis, confus, se ravisa. La fille le toisa du regard, jaugeant ses sandales abîmées, ses vêtements poussiéreux et son visage en sueur.

– Le garçon est là ! lança-t-elle par-dessus son épaule avant de descendre la rue en courant.

Un homme apparut à la porte.

– Tu es en retard, dit-il. Nous t'attendions plus tôt.

Paneb ne correspondait pas du tout à ce que Ramosé avait imaginé. Il s'était vaguement représenté un homme plus jeune et souriant, quelqu'un comme Kénében. Or le scribe était un vieillard, beaucoup plus âgé que le père de Ramosé, avec des cheveux gris, une peau ridée, un gros ventre qui pendait par-dessus son pagne et plusieurs mentons tressautants.

–J'ai été retenu au fleuve, mentit Ramosé.

–Tu ferais mieux d'entrer.

Il fallait descendre trois marches pour pénétrer dans la maison du scribe. L'intérieur était tellement étroit que le garçon eut l'impression de pouvoir toucher les deux murs à la fois rien qu'en écartant les bras. Le scribe le conduisit dans une pièce où se trouvaient déjà deux femmes. L'une d'elles était Ianna, l'épouse du scribe, l'autre Téti, leur servante.

–Voici Ramosé, annonça Paneb.

–Comme ce pauvre prince, commenta Ianna, qui était aussi grasse que son mari.

Ramosé hocha la tête. Héria voulait qu'il change de nom, mais il avait craint de se perdre complètement s'il ne lui restait même plus son vrai nom.

–Quelle tristesse de voir un garçon mourir si jeune ! ajouta-t-elle.

–C'est très malheureux, convint Paneb. Quelle précipitation pour préparer sa tombe !

La servante apporta de quoi manger sur un plateau.

–Nous avons déjà pris notre déjeuner, dit le scribe. Mais le voyage a dû te donner faim.

Ramosé avait faim en effet. Il regarda la servante poser du pain, de la viande, des légumes cuits et des fruits sur une table basse. Ce n'étaient visiblement que des restes laissés à découvert, et donc complètement desséchés. Des mouches tournaient autour. C'était en outre de la viande de porc alors que Ramosé n'avait jamais mangé autre chose que du bœuf de la meilleure qualité. S'il s'était trouvé au palais, il aurait renversé la table et réclamé qu'on lui prépare autre chose. Mais il avait très faim.

Ramosé s'assit et attendit que Téti le serve. Elle ne bougeait pas. Il y eut un silence gêné. Paneb et sa femme le regardaient avec perplexité.

– Quelque chose ne va pas ? s'enquit Ianna.

– Non, assura Ramosé.

Il regarda la nourriture. Les autres avaient les yeux fixés sur lui. Puis Ramosé comprit soudain qu'il fallait qu'il se serve tout seul. Il s'approcha de la table et remplit donc lui-même son verre et son assiette. Le pain était rassis et la viande coriace. Il n'y avait à boire que de la bière, qui avait un goût amer.

– Pourrais-je avoir du lait de gazelle ? demanda-t-il, très fier d'avoir pensé à demander poliment au lieu d'ordonner.

La servante parut surprise et fit non de la tête. Paneb et sa femme échangèrent un regard dubitatif. Ramosé mangea en silence.

Lorsqu'il eut terminé son maigre repas, la servante lui apporta de l'eau dans un saladier pour se rincer les mains. Il devait accueillir ce genre d'attention avec reconnaissance.

– Où est ma chambre ? demanda-t-il au scribe

– Tu n'as pas de chambre, répondit Paneb. Tu dormiras sur le toit. Ma femme a un coffre où tu pourras ranger tes affaires.

C'était la première fois que Ramosé pénétrait dans une demeure ordinaire, et tout lui parut minuscule : tout juste trois pièces, et une cuisine extérieure. Il n'y avait qu'une seule chambre, et c'était là que dormaient Paneb et sa femme. La servante et la jeune fille couchaient dans le jardin.

Téti porta le coffre sur le toit qu'allait occuper Ramosé. Ce n'était qu'une caisse en palmes tressées et, comme elle n'était plus toute neuve, ses charnières de cuir ne paraissaient pas très solides. Ramosé y rangea ses quelques affaires. Héria et Kénében ne lui avaient permis d'emporter qu'un pagne de rechange, des sous-vêtements râpeux et une cape de lainage. Kénében lui avait remis quelques lingots d'or sous forme de gros anneaux, en cas d'urgence. Il les dissimula sous le reste. Il rangea aussi son nécessaire d'écriture dans le coffre. Il pensa en effet que sa boîte à pinceaux et sa palette, en ébène incrusté d'or, d'ivoire et de turquoise, seraient trop précieuses pour un humble scribe. Il devrait prétendre avoir perdu l'ensemble et demander à Paneb de lui en fournir un nouveau.

Paneb, comme les autres ouvriers, travaillait pendant huit jours d'affilée sur le tombeau de Pharaon, puis prenait deux jours de repos. Il en était à son deuxième jour de congé et devait retourner travailler le lendemain. Cela laissait à Ramosé le reste de l'après-midi pour explorer la maison et le village. En fait, une demi-heure aurait suffi. Il fallait dix minutes pour parcourir toute la longueur de l'unique rue. La quinzaine de maisons qui la bordaient étaient construites les unes contre les autres, et paraissaient identiques. À l'extérieur de l'enceinte du village, il y avait un petit temple, un bâtiment inachevé presque aussi grand que le village lui-même, et beaucoup de pierres et de sable. À quoi pouvait s'amuser un garçon dans un endroit pareil ? Il n'y avait ni jardin, ni bassin, ni verger, ni fleuve. Pas d'animaux à chasser ni de poissons à pêcher. Un groupe de gamins à peu près du même âge que Ramosé jouaient à un jeu où il fallait tracer des lignes dans le sable. Cela avait l'air très ennuyeux. Ils le regardèrent passer, mais ne lui adressèrent pas la parole.

Lorsqu'il rentra chez le scribe, Ramosé se demanda ce qu'il allait faire du reste de la journée. Il finit par trouver la fille à la peau sombre dans le jardin. Elle était à quatre pattes, en train de moudre du grain sur une pierre arrondie.

–Alors, tu es le nouvel apprenti, commenta-t-elle.

–Et toi, qui es-tu ? demanda Ramosé.

–Je m'appelle Karoya, dit-elle. Je mouds le grain.

Elle répandit encore un peu de blé sur la surface courbe et fit rouler une pierre ronde dessus, dans un mouvement de va-et-vient.

– Tu es une esclave, n'est-ce pas ? dit Ramosé. Est-ce que tu viens du pays de Kouch ?

– Oui. Mais ce ne sont pas tes affaires.

– Je crois que tu ne devrais pas me parler comme ça, répliqua Ramosé.

– Pourquoi donc ?

Ramosé ne sut que répondre à cette jeune impertinente.

– Là d'où je viens, tu serais battue pour ton impolitesse.

– Et qui c'est qui va me battre ? se moqua Karoya. Sûrement pas un petit apprenti scribe maigrichon comme toi ! Il faudrait d'abord que tu m'attrapes.

– Où sont les autres serviteurs ? demanda Ramosé, pour changer de sujet.

– Il n'y a pas d'autres serviteurs. Juste Téti et moi.

– Mais qui va m'habiller ? Qui va me donner mon bain ?

– Qui va t'habiller ? s'exclama Karoya en s'arrêtant de moudre pour le dévisager avec stupéfaction. Il n'y a que les bébés qui ne s'habillent pas tout seuls.

Ramosé vit l'expression stupéfaite qu'affichait la jeune fille, et comprit qu'il venait de faire une nouvelle bourde.

– C'était pour rire, dit-il avant de rentrer dans la maison.

Ramosé n'aimait pas commettre des erreurs. Il n'aimait pas devoir faire semblant d'être une personne ordinaire. Cette nouvelle vie n'offrait décidément rien qui pût lui plaire.

Ramosé avait hâte de se débarrasser de la sueur et de la poussière accumulées durant sa marche. L'eau était rare ici, dans le désert, et il n'eut droit qu'à deux jarres pour sa toilette. Cela faisait très peu. On lui donna aussi un pot de graisse animale mélangée de calcaire pour se frotter avec. Il renversa l'une des jarres, ce qui répandit la plus grande partie de l'eau qu'il réservait pour se rincer et l'obligea donc à rester enduit de graisse crayeuse. « Voilà pour le bain, songea Ramosé. Je sens sûrement plus mauvais maintenant qu'avant de me laver. »

*

Cette nuit-là, Ramosé se coucha sur le dos. Puis il se tourna sur le côté droit et essaya ensuite le côté gauche. Mais il avait beau se tourner et se retourner, il n'arrivait pas à trouver de position confortable. Comment l'aurait-il pu ? Comment pouvait-on espérer dormir, couché sur un toit, dans un vieux lit bancal au sommier de roseaux tressés ? On ne lui avait donné qu'une mince couverture. Les nuits sont fraîches dans le désert. Même enveloppé dans sa grande cape, il mourait de froid.

Ramosé ne dormait toujours pas quand le soleil se leva. Son corps, habitué aux lits moelleux, était endolori de la tête aux pieds. Et sa peau le démangeait. Lorsqu'il examina ses bras et ses jambes, il s'aperçut qu'ils étaient couverts de piqûres. Mais il ne sut pas trop si elles provenaient des moustiques qui avaient bourdonné au-dessus de sa tête toute la nuit, ou des puces qu'il avait ensuite trouvées dans la couverture.

Il revêtit son pagne. Il eut un peu de mal avec les liens et, lorsqu'il eut terminé, l'étoffe pendait de façon disgracieuse. Il essaya en le repliant dans l'autre sens. C'était un peu mieux, bien qu'il ne fût pas certain de pouvoir jamais défaire le nœud qu'il venait de faire.

Au petit déjeuner, il retrouva le même pain grumeleux que la veille et quelques figues trop mûres.

–Je préférerais du gâteau sucré, dit-il à Téti, qui le regarda comme s'il demandait un quartier de lune.

Le scribe Paneb et son épouse le rejoignirent. Ils saisissaient la nourriture à deux mains et engloutissaient d'énormes bouchées. Ianna parlait et mangeait en même temps. Ramosé en fut écœuré. Il retourna sur le toit, où il trouva la jeune esclave en train de soulever le couvercle de sa malle.

– Ôte tes mains de mes affaires ! cria Ramosé.

–Je voulais juste y mettre de l'ordre, répliqua la jeune fille.

–Ton travail, c'est de moudre le grain et de faire du pain, pas de toucher à mes affaires personnelles. Tu cherchais s'il n'y a pas quelque chose à voler, je le sais. Mon père m'a dit que les gens de Kouch sont tous des voleurs et des barbares !

– Je ne volais rien du tout, protesta Karoya. Pourquoi voudrais-tu que je te vole ton pagne de rechange et tes sous-vêtements ?

Ramosé descendit. Le scribe mangeait toujours.

– J'ai trouvé l'esclave sur le toit, en train de me voler mes affaires, expliqua Ramosé. Je veux qu'elle soit punie.

– Je lui ai déjà dit que la curiosité est un vilain défaut, répliqua le scribe en rotant légèrement.

– La curiosité ! s'emporta Ramosé. Mais c'est une voleuse. Elle devrait être battue.

– Je ne pense pas que ce sera nécessaire, intervint Ianna. Elle travaillera moins et moins bien si elle se retrouve couverte de bleus et tout endolorie.

– Elle sera privée de dîner, décréta le scribe.

Ramosé ne parvenait pas à comprendre pourquoi le scribe se montrait si indulgent avec son esclave.

– Il est difficile de punir quelqu'un qui n'a rien, fit observer le scribe.

Ramosé tourna les talons et remonta l'escalier quatre à quatre.

« Cette fois, c'en est trop, se dit-il en remettant ses affaires dans son sac de roseau. Je m'en vais ! »

CHAPITRE 6

Ramosé en avait assez. Il ne pouvait rester là, avec ces gens. Cela lui était tout simplement impossible. Il traversa le village d'un pas vif. Comment pouvait-on attendre de lui qu'il vive dans une maison aussi sordide en compagnie de personnes aussi irrespectueuses ? Il préférait encore manger les restes au palais que la nourriture épouvantable qu'on lui donnait ici. Il faudrait qu'il explique ça à Héria et Kénében. Il ne convenait pas à un prince de dormir en plein air, dans un lit infesté de puces, ni d'avoir à supporter que des barbares lui volent le peu de choses qui lui restait. C'en était trop. Ramosé jeta son sac sur son épaule et franchit la porte du village. La menace du poignard ou du poison lui serait moins pénible que la vie dans cet endroit horrible. Sa sœur lui manquait, Kénében et Héria lui manquaient, le fleuve lui manquait, le fait d'être servi lui manquait. Il n'avait pas fait dix pas hors du village qu'une voix l'interpella.

– Où est-ce que tu vas comme ça ?

Ramosé se retourna. C'était l'esclave, Karoya. Elle était assise à l'ombre du bâtiment inachevé en briques crues, à l'orée du village.

–Je rentre chez moi ! répondit Ramosé en continuant de s'éloigner du village. Loin des voleuses et des gros scribes.

–Je croyais que tu étais orphelin et que tu n'avais plus nulle part où aller.

–Je voulais juste dire : en ville, précisa Ramosé, sans s'arrêter de marcher.

–Pourquoi veux-tu retourner dans un endroit qui sent mauvais et où il y a trop de bruit ?

–Le coin où j'habitais était très calme et ne sentait pas mauvais.

–Je croyais que ton oncle était mort et que tu n'avais plus personne.

Ramosé s'immobilisa. Il imagina son retour au palais. Les seules personnes sur qui il pouvait compter étaient sa sœur et deux serviteurs. La reine et le vizir voulaient qu'il meure. Tout le monde le croyait déjà mort de toute façon. Il ne survivrait pas une demi-heure, là-bas. Il s'assit sur le sable.

–Je déteste le désert.

–J'aime le désert, dit Karoya.

–Il n'y a rien à aimer dans le désert. Il n'y a que du sable et des pierres.

–C'est beau. Ça me rappelle mon pays. Je viens ici tous les matins pour regarder le soleil se lever. Le ciel prend une couleur rose, orange et violet.

Ramosé leva les yeux vers le ciel matinal. Les couleurs étaient magnifiques, rappelant les peintures sur les murs des temples. Des voix se firent entendre. Les premiers ouvriers quittaient le village et bavardaient tranquillement tout en se rendant à leur travail.

– Je veux rentrer chez moi, dit tristement Ramosé.

– Chez toi, c'est ici, maintenant. Il faut juste que tu t'y habitues.

– Ce n'est pas à toi de me dire ce que je dois faire ! Tu n'as aucune idée de ce que j'ai pu traverser.

– Je sais ce que c'est que de devoir partir de chez soi pour aller vivre dans un lieu étranger, parmi des inconnus, répliqua la jeune fille.

Ramosé soupira et s'appuya contre le mur.

– C'est quoi, ce bâtiment ? demanda-t-il.

– C'est une maison pour Pharaon, répondit Karoya.

– Un palais ? fit Ramosé en regardant les murs rudimentaires à moitié montés. Ça ne ressemble pas du tout à un palais.

– C'est censé être pour Pharaon si jamais l'envie lui prenait de venir. Les hommes y travaillent de temps en temps.

– Pourquoi Pharaon voudrait-il venir dans un endroit aussi horrible ?

Karoya haussa les épaules.

– Alors, tu t'en vas ?

–Non.

Il faisait grand jour à présent.

–Le scribe va te chercher, dit Karoya. Va l'attendre à la porte du village. Il pensera que tu as hâte de commencer.

–Je ne vois pas pourquoi je devrais suivre les conseils d'une voleuse, grommela amèrement Ramosé.

–Je ne suis pas une voleuse, affirma Karoya.

Ramosé retourna attendre le scribe à la porte.

Paneb marchait en silence, et Ramosé lui en fut reconnaissant. Il n'avait pas envie de parler au scribe. Il le suivit sur la colline, à l'ouest du village, s'éloignant encore dans le désert, s'éloignant encore de chez lui. Le scribe obèse ne tarda pas à souffler comme un bœuf. Les autres ouvriers disparurent derrière le sommet avant que Ramosé et Paneb aient gravi la moitié de la pente.

Le chemin était semblable à celui qui avait conduit Ramosé au village – une simple sente de terre marquée par le passage des pieds. C'étaient, de part et d'autre, le même sable sec, les mêmes pierres et silex acérés. Il n'y avait ni arbres, ni plantes, ni le moindre signe de vie animale. Ramosé pensa que ce devait être la terre la moins hospitalière du monde. Ils atteignirent le sommet, et le soleil brûlant heurta Ramosé de plein fouet. Le garçon n'était pas habitué à être dehors, en pleine chaleur, sans serviteurs pour l'éventer. Il espéra qu'il pourrait travailler dans la fournaise sans s'évanouir.

Ramosé s'abrita les yeux. Le Grand Lieu était là, devant lui. En fait, il n'avait rien de grandiose. C'était une vallée desséchée, couleur de sable, identique à celle où était construit le village. La seule différence était que les falaises entourant le fond de cette vallée-ci tenaient encore debout.

– Est-ce que c'est là ? demanda Ramosé. Où est le tombeau de Pharaon ?

– Sous terre, bien sûr, dit Paneb. L'entrée est par là.

Il désigna un trou dans le flanc de la montagne opposée. Le jeune prince fut déçu. Il savait que l'on construisait le tombeau royal sous terre pour le protéger des pillages, mais il s'était attendu à une entrée ouvragée et des temples superbes au-dessus. Il n'y avait strictement rien.

Le sentier serpentait entre les escarpements rocheux. Ils arrivèrent au fond de la vallée, et Ramosé distingua l'entrée plus clairement. Ce n'était qu'un grand trou carré taillé dans le roc. Il y avait à l'extérieur des blocs de pierre excavés du tombeau. Il n'y avait aucun ouvrier en vue. Paneb marmonna en se dirigeant vers le chantier. Un homme gigantesque montait la garde. Ce n'était pas un Égyptien : il avait la peau très foncée, comme celle de Karoya, et était très grand.

– Bonjour, scribe Paneb, dit le garde.

– Bonjour, grogna Paneb.

– Qui est-ce qui vous accompagne ? s'enquit le garde.

– C'est Ramosé, mon nouvel apprenti. Vous pouvez le laisser passer librement.

Paneb présenta encore Ramosé à Samout, un homme transpirant et aux longs cheveux raides, qui occupait les fonctions de contremaître auprès des ouvriers. Puis ils furent soudain plongés dans l'obscurité. Ils descendirent une galerie qui s'enfonçait en pente raide dans le rocher. De petites lampes à huile éclairaient le chemin à intervalles réguliers ; mais il faisait tout de même très sombre. Ramosé fut surpris. Il n'avait jamais très bien su en quoi consistait la tâche d'un scribe attaché au tombeau royal, mais il s'était attendu à travailler sous un soleil aveuglant. Il ne lui était jamais venu à l'idée qu'il devrait s'enfoncer profondément sous la terre.

Ils passèrent devant un groupe de sculpteurs occupés à créer des scènes sur les murs. Ramosé distingua des représentations de son père lors de ses campagnes militaires. Une sculpture le représentait sur un char, en train de tirer des flèches, une autre le montrait le pied posé sur la tête d'un barbare couché servilement devant lui, et, sur une autre encore, il était debout à côté d'un tas de mains ennemies coupées. Des hiéroglyphes faisaient le récit de sa bravoure et le disaient invincible au combat. Le couloir s'enfonçait toujours plus profondément dans la roche. Ramosé regarda par-dessus son épaule. L'entrée du tombeau n'était plus qu'un petit carré de lumière bien au-dessus de lui.

Puis le couloir s'ouvrit sur une salle au plafond peint en bleu foncé. Les peintres, accrochés à des échafaudages de bois, le couvraient de petites étoiles jaunes à cinq branches. Un murmure de voix et un bruit de coups sur la pierre montaient d'un escalier qui partait de la salle à angle droit. Ramosé suivit Paneb en bas des marches. La chambre funéraire se trouvait tout au bout. Des dessinateurs traçaient les contours de dessins et de textes sur quatre colonnes carrées qui soutenaient le plafond. D'autres tailleurs de pierre travaillaient à quatre pattes sur un grand sarcophage[1] de grès rouge.

Mais Ramosé ne s'intéressa guère aux détails des sculptures. Dès qu'il eut perdu de vue le carré de lumière, il sentit la panique monter en lui. Il pensait à la distance qui le séparait de la surface. Il se représentait la masse gigantesque des rochers accumulés au-dessus de sa tête et les imaginait s'écroulant sur lui pour l'enterrer vivant. Il eut de plus en plus de peine à respirer. L'air était vicié, chargé de poussière de roche mêlée à l'odeur des lampes à huile et de la sueur. Sa peau se couvrit d'un voile glacé. Les murs se refermaient sur lui. Il était certain qu'il allait

1. Grand coffre de pierre, le plus souvent rectangulaire, destiné à contenir un cercueil.

mourir écrasé. Le souffle court, il prononça d'une voix étranglée :

–Dehors. Peux pas respirer.

Il retourna en vacillant vers l'escalier et trébucha sur un tailleur de pierre.

–Mais où est-ce que tu vas ? demanda le scribe avec impatience.

Tous les artisans riaient.

Ramosé monta l'escalier à tâtons. Il avait l'impression que sa poitrine allait exploser. Il n'arrivait plus à respirer. Il se baissa pour passer sous un échafaudage, tomba sur une boîte de peinture et se mit à ramper. Le carré de lumière apparut. Ramosé posa la joue contre la pierre froide et aspira l'air frais qui tombait de la surface.

–A-t-on jamais entendu parler d'un constructeur de tombeau qui a peur d'aller sous terre ? commenta l'un des ouvriers.

Ils trouvèrent tous qu'elle était bien bonne.

–Il va falloir que tu t'habitues à travailler sous terre, fit Paneb d'un ton sec. Je ne peux pas être la risée du chantier. Soit tu t'habitues, soit tu pars.

– Ça va aller, assura Ramosé d'une voix rauque, mais calme.

–Que ça aille ou pas, tu as du travail à faire ! rappela Paneb avec emportement. Tu dois tenir le compte des ciseaux de cuivre utilisés par les sculpteurs.

Le scribe s'assit sur un bloc de pierre.

– Dès qu'un ciseau s'émousse, il doit être remplacé. Tu remontes et tu vas en chercher de nouveaux au magasin, dans la vallée. On ne peut pas se permettre d'avoir des artisans qui restent assis sans rien faire.

Le scribe fut, de son côté, visiblement satisfait de s'asseoir sans rien faire.

– Où puis-je trouver du papyrus pour écrire ? demanda Ramosé.

Paneb jeta un rapide coup d'œil autour de lui, espérant que les ouvriers n'avaient pas entendu.

– D'où est-ce que tu sors cet apprenti, Paneb ? lança l'un d'eux. Tu es sûr qu'il sait écrire ?

Les peintres ricanaient tous.

– On n'utilise pas de papyrus dans les tombeaux, siffla Paneb. Qu'est-ce qui a pu te mettre une idée pareille dans la tête ? Le papyrus est très cher, comme tu le sais sans doute.

– Mais alors, sur quoi je vais écrire ?

Le scribe poussa un soupir devant l'ignorance de son apprenti.

– Sur des éclats de calcaire, bien sûr. Les plaques qui ont été taillées dans la pierre quand les carriers ont creusé le tombeau. Tu en trouveras des piles énormes à l'extérieur, de toutes les tailles que tu veux. Je ne me sers de papyrus que pour les documents que j'envoie au vizir Ouersou.

Ramosé frissonna. Il ne savait pas trop si c'était à cause du nom du vizir ou du froid qui régnait dans la tombe. De toute façon, il fut heureux de sortir du souterrain pour gagner l'air libre, même si c'était l'air chaud du désert.

Ramosé demeura un moment au soleil, laissant sa peau se réchauffer. Il leva les yeux vers le ciel d'un bleu limpide et l'astre aveuglant jusqu'à ce qu'il respire plus régulièrement et recouvre son calme. Le jeune prince examina alors la vallée autour de lui, qui paraissait comme tachée par l'image rémanente du soleil. Le scribe avait dit vrai, il y avait des tas d'éclats de pierre juste à côté de l'entrée du tombeau : des petits pas plus grands qu'une main, qui pourraient servir à prendre des notes, et des grands pour faire des rapports détaillés.

L'entrepôt en briques se trouvait à une cinquantaine de pas de l'entrée du tombeau. Un autre étranger immense et très noir de peau montait la garde au dehors. Ramosé expliqua qui il était, et le garde le laissa entrer. Le magasin était rempli de tout ce dont les artisans avaient besoin : peinture, outils, de l'huile pour les lampes, et aussi de l'eau.

– Fais très attention ! indiqua le magasinier en prenant une douzaine de ciseaux de cuivre dans un coffre en bois. Les tailleurs de pierre aiment que leurs ciseaux soient très affûtés… et le scribe Paneb a horreur qu'on abîme les siens, ajouta-t-il en les enveloppant soigneusement dans une bande d'étoffe. Chacun de ces ciseaux vaut environ six de ces sacs de blé, dit-il avec un mouvement de tête en direction des réserves de nourriture. C'est-à-dire trois mois de ton salaire.

Un garçon empilait des sacs de grain. Ramosé le reconnut : c'était l'un de ceux qu'il avait vus jouer devant le village.

Le jeune prince prit les ciseaux que lui tendait le magasinier, puis ressortit dans l'air brûlant en glissant le paquet dans la ceinture de son pagne. L'autre garçon s'empressa de le suivre et lui assena par-derrière un coup sur le coude, lui faisant lâcher les outils, qui tombèrent sur le sol pierreux. Il ne s'arrêta même pas pour s'excuser et ne se retourna que le temps d'adresser à Ramosé un regard chargé de haine.

Ramosé en appela au magasinier :

– Vous avez vu ça ? Vous avez vu ce qu'il a fait ?

CHAPITRE 7

Le magasinier haussa les épaules et retourna travailler. Ramosé était furieux. Il passa sa colère sur une pierre et n'en tira qu'un orteil en sang. Il ramassa les ciseaux éparpillés. Trois d'entre eux étaient abîmés. Il savait que c'est lui qui serait tenu pour responsable.

Paneb fut en effet très en colère. Puis Ramosé lui montra l'ardoise sur laquelle il avait inscrit le nom des ouvriers qui avaient reçu des ciseaux neufs, et Paneb ne cacha pas son mécontentement.

– Tu ne peux pas écrire mieux que ça ? fit-il avec incrédulité. Je n'arrive pas à en lire la moitié.

Il examina l'éclat de pierre en tous sens, exagérant à dessein la difficulté qu'il avait à déchiffrer l'écriture du garçon.

– Il va falloir que tu recommences. En fait, tu peux tout réécrire dix fois pour être sûr de bien y arriver.

Ramosé ne protesta pas. Il était heureux d'avoir une excuse pour sortir du tombeau. Il trouva un tout petit coin d'ombre devant l'entrée du souterrain et s'assit pour réécrire le détail de sa distribution de ciseaux. Il se remémora les textes que Kénében lui faisait recopier sur les formidables avantages du métier de scribe.

– Ramosé ! appela la voix de Paneb des profondeurs du tombeau. Viens ici, mon garçon.

Jusque-là, Ramosé n'avait pas vu ce qu'il y avait de si merveilleux à être scribe... Évidemment, on pouvait passer pas mal de temps assis et on n'avait pas à soulever des blocs de pierre gros comme de petites maisons. Mais ce n'était pas très drôle. Il retourna d'un pas lourd dans l'obscurité du tombeau et, avec le cœur qui s'emballait déjà à l'idée de ne plus voir la lumière, dépassa les tailleurs de pierre. Heureusement, Paneb voulait simplement un peu d'eau à boire, et Ramosé remonta aussitôt la galerie. Il avait déjà les mollets douloureux.

À midi, Ramosé avait bien gravi et descendu le puits du tombeau une dizaine de fois. Il semblait que, dès qu'il arrivait au fond du puits, Paneb se rappelait avoir besoin de quelque chose en haut. Et dès que Ramosé trouvait un coin d'ombre où s'asseoir pour écrire, la voix de Paneb le rappelait en bas.

Les artisans se rassemblèrent par petits groupes pour déjeuner. Ramosé mangea tout seul son pain sec avec du poisson séché et des figues. Les autres apprentis formaient un groupe à part. Il les surprit plusieurs fois en train de l'observer, mais aucun d'entre eux ne vint lui parler.

À la fin de la journée, Ramosé avait tellement mal aux jambes et se sentait tellement épuisé qu'il n'aspirait plus qu'à se coucher.

– Où est-ce qu'on dort ? demanda-t-il à Paneb lorsque le scribe essoufflé émergea du puits.

Paneb lui montra des monticules de cailloux au fond de la vallée, en face de l'entrepôt. Ramosé regarda plus attentivement. Il avait cru qu'il s'agissait d'autres tas de pierres excavées. Il s'apercevait maintenant que c'étaient en fait des huttes basses constituées de pierres acérées simplement empilées les unes sur les autres. Les huttes étaient recouvertes de branches de palmiers desséchées, sans doute acheminées depuis le fleuve.

– Tu n'auras qu'à dormir avec les autres apprentis, dit Paneb. Je ne veux pas de toi dans ma hutte. J'ai le sommeil difficile, et le bruit d'une respiration étrangère m'empêcherait de dormir.

Les trois garçons étaient installés devant la hutte.

– Le scribe Paneb a dit que je devais partager votre hutte, annonça Ramosé.

Personne ne lui répondit. Ramosé entra. Le lit grouillant de vermine où il avait dormi sur le toit du scribe lui apparaissait à présent comme le summum du confort. Sa chambre au palais, avec ses murs peints et son lit moelleux, n'était plus qu'un lointain souvenir. Il n'avait plus maintenant pour dormir qu'une natte de roseau étendue à même le sol. Ramosé se sentait trop fatigué pour manger. Ne désirant plus que fermer les yeux, il sortit sa cape et s'enveloppa dedans alors que le soleil venait juste de se coucher.

Mais ses compagnons de chambre l'entendaient autrement. Après dîner, ils le rejoignirent dans la hutte et se lancèrent dans des jeux de société. Ramosé connaissait ce genre de jeux pour y avoir joué au palais avec Kénében. Leurs parties se déroulaient toujours dans le plus grand calme. Celles que disputaient les apprentis impliquaient en revanche beaucoup de cris et de disputes. L'un des garçons se révéla mauvais perdant. Il accusait sans cesse les autres de tricherie alors qu'il était lui-même prêt à tout pour gagner. Dès que Ramosé s'apprêtait à sombrer dans le sommeil, l'un des garçons hurlait ou le poussait d'un coup de pied. Lorsqu'ils furent enfin prêts à se coucher, ils se relayèrent pour maintenir Ramosé éveillé pendant que les autres dormaient. Ramosé ne se reposa guère.

Le lendemain matin, Ramosé fit la queue pour recevoir son petit déjeuner. La faim lui faisait gargouiller le ventre. Il prit le pain et les fruits secs, et eut le plaisir de découvrir qu'il y avait aussi du lait à boire. Au moment où il allait s'asseoir pour manger, l'un des garçons le poussa dans le dos, projetant lait, pain, fruits secs et Ramosé lui-même dans le sable. Tous les artisans éclatèrent de rire.

– Ton nouvel apprenti a décidément les deux pieds dans la même sandale, Paneb.

Ramosé les détestait tous. Il aurait voulu les voir souffrir autant que lui, mais il savait que tout ce qu'il pourrait dire ou faire ne servirait qu'à attiser encore leurs rires et leurs moqueries. Il ravala donc sa colère et ramassa ce qu'il put sauver de son repas.

*

Le travail d'un apprenti scribe consistait à tenir un registre de tous les artisans présents chaque matin sur le chantier. Si quelqu'un était en retard, il devait le noter. Si quelqu'un ne venait pas, il devait découvrir si l'absent avait une bonne excuse, s'il était malade par exemple ou s'il était retenu par une fête de famille particulière et le notait aussi. Puis il devait établir le compte de tous les outils empruntés au magasin, de tous les pigments utilisés par les peintres, de l'huile et des mèches consommées pour la moindre lampe. Même l'eau était rationnée. La source la plus proche était le Nil, et il fallait apporter l'eau à dos d'âne, dans de grandes jarres. Chaque homme n'avait droit qu'à six tasses à boire par jour.

Ramosé ramassait les ciseaux cassés ou abîmés et les rapportait au magasinier. Le cuivre était précieux, et les outils inutilisables étaient fondus pour en fabriquer de nouveaux. Au moins une fois par jour, Ramosé faisait tomber l'éclat de pierre sur lequel il écrivait, et il n'avait plus qu'à ramasser les morceaux et à les rassembler dans l'ordre afin de tout recopier sur une plaque neuve. Il ne cessait également de monter et descendre la rampe de pierre abrupte conduisant au tombeau. C'était parfois pour aller chercher quelque chose au magasin, parfois pour apporter une tasse d'eau à Paneb. Le scribe ne faisait pas grand-chose.

Le rythme du travail sur le tombeau n'était pas très soutenu. Pharaon était en bonne santé et l'on comptait qu'il vive encore cinq ou dix ans au moins. Nul n'était très pressé de terminer le travail.

À l'heure des repas et pendant la soirée, les trois compagnons de Ramosé se liguaient pour faire de sa vie un enfer. Ils ne lui adressaient jamais la parole mais, à les entendre se parler entre eux, il finit par les connaître. Nakhtamon était un garçon courtaud, doté d'un nez écrasé et d'un crâne rasé. Il était apprenti sculpteur. Hapou était apprenti peintre. Il était plus calme que les deux autres, et affichait l'air perpétuellement inquiet de quelqu'un qui sait qu'il peut à tout moment avoir des ennuis. Ouéni était le meneur du petit groupe.

Et Ouéni était fâché. C'est lui qui avait fait tomber les ciseaux que Ramosé venait de prendre. En fait, c'était lui qui devait devenir apprenti scribe avant l'arrivée de Ramosé. Or il se retrouvait à présent simple garçon de courses et finirait par partir pour rejoindre l'armée ou travailler aux champs. C'était un garçon maussade à la bouche tombante, au regard dur et à la joue barrée d'une cicatrice, vestige d'une bagarre contre un sculpteur qui maniait un ciseau. Ouéni ne souriait jamais. Même lorsqu'il gagnait au sénet*, il se contentait de dévisager ses adversaires d'un air triomphant. Les deux autres garçons lui étaient entièrement soumis. Ils détestaient Ramosé tous les trois et voulaient se débarrasser de lui afin que Ouéni puisse prendre la place qui lui était due.

Ramosé essaya de parler à Samout, le contremaître, des difficultés qu'il connaissait avec les autres garçons ; mais l'homme ne voulut rien entendre.

– Règle tes problèmes tout seul, dit-il. Tes histoires ne m'intéressent pas.

Ramosé trouva cela extrêmement injuste, jusqu'à ce qu'il découvre que le contremaître était l'oncle de Ouéni.

*

À la fin des huit jours de travail, Ramosé fut soulagé de quitter le Grand Lieu. Il ne savait pas s'il aurait la force de revenir. La demeure du scribe lui paraissait à présent vaste et lumineuse. Il s'effondra sur le lit bancal, qui lui sembla incroyablement confortable. Il avait les jambes tellement douloureuses qu'il crut ne plus jamais pouvoir se relever.

Le lendemain, Ramosé se sentait nettement mieux après sa première vraie nuit de sommeil en huit jours. Il avait quelque chose de très important à faire. Après le petit déjeuner, il informa le scribe qu'il sortait se promener un peu.

– Tu ne vas pas encore essayer de t'enfuir ? demanda Karoya, qui était en train de moudre du grain dans le jardin, comme d'habitude.

– Je n'ai pas de comptes à te rendre, coupa Ramosé.

Malgré ses jambes douloureuses, il remonta d'un pas vif le chemin qui conduisait vers la ville. Mais il ne s'enfuyait pas.

Au sommet de la colline, il quitta le sentier et compta dix pas vers le nord, puis cinq vers l'est. Il y avait là une formation rocheuse qui évoquait vaguement un lion prêt à bondir. Ramosé en fit le tour.

À la base, juste là où aurait pu se trouver la patte arrière du lion, il y avait un creux. Ramosé y enfonça la main. Quelque chose se trouvait à l'intérieur. Il en tira un petit rouleau de papyrus qu'il pressa contre sa poitrine en souriant. C'était une lettre de Kénében. Le précepteur avait prévu de lui laisser un message après ses huit jours de travail au tombeau. Ramosé brisa le sceau et lut le message avec empressement.

Le précepteur Kénében salue son jeune seigneur et lui souhaite vie, prospérité et santé ainsi que les faveurs d'Amon, Roi des dieux, comme celles de Thot, Seigneur des paroles divines. Puissent-ils vous accorder honneurs, amour et intelligence en tout ce que vous entreprendrez. Comment vous portez-vous, monseigneur ? Je vais bien, ainsi que votre nourrice, Héria. Nous allons bien tous les deux. Demain est entre les mains de Râ. Nous travaillons à notre but commun, et l'affaire avance bon train. Votre sœur royale, Hatchepsout, est en bonne santé. Écrivez-nous quelque chose afin que notre cœur puisse connaître la joie.

Le message n'apprenait pas grand-chose à Ramosé, mais il lui donna envie de chanter. Il relut la lettre encore et encore, passant la main sur la surface rugueuse du papyrus et humant son parfum musqué. Il se représenta Kénében en train de faire cours à Hatchepsout dans la salle de classe du palais.

Il sortit un éclat de pierre de son sac. Il prit sa palette et ses pinceaux de roseau ainsi qu'une petite fiole d'eau. Puis il s'assit en tailleur, le dos appuyé contre le lion de pierre, et plongea son pinceau dans l'eau avant de le frotter sur la pastille d'encre pour répondre à ses amis.

Il pensa d'abord se plaindre des conditions misérables dans lesquelles il était contraint de vivre, de la nourriture épouvantable, du lit bancal, de la façon dont il était traité. Mais, en fin de compte, il s'abstint. Il ne voulait pas que Héria s'inquiète. Alors il écrivit qu'il avait vu le tombeau de son père, qu'ils lui manquaient beaucoup tous les deux et qu'il comptait les jours jusqu'à ce qu'il puisse revoir leur visage.

Il laissa sécher l'encre au soleil puis glissa l'ardoise dans le creux où Kénében viendrait la chercher.

Une ou deux fois, il crut entendre du bruit et se demanda si on ne l'avait pas suivi, mais ce n'étaient que le craquement des pierres dans la chaleur et les rafales de vent. Il regarda vers le Nil et s'imagina respirer les odeurs riches de la vallée fertile, voir les murs blancs du palais se dresser devant lui. Puis il fit volte-face et redescendit vers le village.

CHAPITRE 8

La période de travail suivante ne différa guère de la précédente, à une exception près – cette fois, Ouéni lui adressa la parole.

Le garçon rangeait la nourriture qui venait d'arriver de la ville à dos d'âne. Ramosé était installé dans son petit coin d'ombre, près de l'entrée du tombeau. Il reportait sur une plaque grande comme un plat de service tous ses relevés de présence des ouvriers notés sur une douzaine de petits éclats de pierre. Il recopia soigneusement ses notes quotidiennes et fit ses totaux. Paneb n'aurait plus qu'à reporter les détails sur un papyrus qu'il enverrait au vizir à la fin du mois.

Ramosé se redressa et contempla son œuvre. Kénében aurait été fier de lui. Son écriture était presque droite, à part aux endroits où la pierre faisait des creux et des bosses. Il sourit et posa la plaque pour la faire sécher au soleil. C'est à ce moment-là que Ouéni s'approcha.

–Pourquoi est-ce que tu ne retournes pas d'où tu viens ? cracha-t-il d'un ton haineux. On veut pas de toi ici !

–Je ne serais pas ici si j'avais le choix, répliqua Ramosé.

Ouéni s'apprêtait à descendre dans le tombeau avec une jarre d'eau pour les ouvriers.

–Descends ça ! J'ai pas envie de le faire, dit soudain Ouéni en lui tendant la jarre en terre cuite.

La cicatrice qu'il avait au visage et ses petits yeux durs lui donnaient un air cruel.

–Porte-la toi-même, rétorqua Ramosé.

Une lueur mauvaise anima le regard de Ouéni. Il inclina la jarre et répandit de l'eau sur la plaque de Ramosé. Ses mots si soigneusement tracés ne furent bientôt plus que des tourbillons grisâtres et s'effacèrent de la pierre. Ramosé regarda son travail disparaître avec l'eau dans le sable.

–Regarde ce que tu as fait ! cria-t-il. Il m'a fallu près d'une demi-journée pour écrire tout ça.

–Bien fait pour toi ! répliqua Ouéni. Tu aurais dû faire ce qu'on te demandait.

Sa bouche se tordit de façon déplaisante. C'était l'expression la plus proche d'un sourire que Ramosé lui eût jamais vu sur les lèvres.

Ramosé contempla son éclat de pierre délavé. Il ne subsistait plus rien de son laborieux travail. Une semaine plus tôt, cela l'aurait mis en rage. Mais depuis qu'il vivait au Grand Lieu, sa colère avait fait place au désespoir. Il était seul et impuissant. La colère ne servait à rien.

Ramosé dut donc recopier de nouveau ses notes après sa journée de travail. Mais Ouéni et ses compagnons ne le laissèrent pas écrire dans la hutte. Ils avaient comme par hasard besoin de se coucher tôt et protestèrent quand il voulut allumer une lampe. Il sortit et se mit en quête d'un endroit où sa lampe ne gênerait personne. L'intérieur du tombeau lui parut le meilleur coin. Ramosé demanda au gardien de nuit la permission d'entrer, lequel n'y vit apparemment pas d'inconvénient. La copie lui prit plusieurs heures.

Lorsqu'il eut terminé, Ramosé ne voulut pas risquer de laisser la plaque dans sa hutte, de crainte que l'un ou l'autre garçon ne mette la main dessus. Il préféra la porter directement à la hutte du scribe. C'était une nuit sans lune, et Ramosé avait peur de trébucher et de laisser tomber son éclat de pierre, ce qui l'aurait obligé à tout recommencer. Il pénétra dans la hutte de Paneb, prêt à s'excuser d'avoir réveillé le scribe, mais celui-ci ronflait profondément et n'entendit rien du tout. Ramosé se sentait fatigué, mais n'avait curieusement pas envie de dormir. Il s'assit dehors et contempla les étoiles. Il préférait le désert en pleine nuit.

*

Ramosé alla voir Paneb avant le petit déjeuner. Il pensait que le scribe serait peut-être content de son travail. Ce n'était pas le cas. Paneb se contenta de grommeler au sujet de la lampe à huile que son apprenti avait utilisée durant la nuit.

– Cela a été rapporté au contremaître, se plaignit Paneb. Tu devras payer l'huile dépensée avec ton salaire.

Ramosé soupira. Il avait été naïf de croire qu'il pourrait satisfaire le scribe. Paneb ne serait jamais satisfait. Quelle importance ? Ramosé se répéta qu'il était le fils de Pharaon et qu'un jour il serait pharaon à son tour. Un jour, les ouvriers qui se moquaient de lui, les garçons qui lui empoisonnaient la vie, le scribe bougon, tous devraient trimer sur son tombeau. Il inspecterait alors personnellement leur ouvrage. Et il leur demanderait de sculpter des scènes le montrant à l'époque où il se cachait au Grand Lieu. On le représenterait en train de travailler comme un homme ordinaire pour déjouer les plans de ses ennemis au palais. Les bâtisseurs de tombeau se rappelleraient alors comment ils l'avaient traité et imploreraient le pardon de Pharaon. Ramosé attendait ce jour avec impatience.

Entre-temps, il lui restait encore une journée à passer sur le chantier avant de rentrer au village. Il aspirait à ces deux jours de repos. Mais il attendait surtout un autre message de Kénében. Il savait que s'il avait pu survivre à deux périodes de travail dans le Grand Lieu, il pourrait en endurer dix-huit. Et il arriverait au bout des six mois annoncés. Alors, son précepteur et sa chère Héria auraient tout préparé pour son retour au palais. Il trouva un petit éclat de pierre et traça dix-huit marques dessus. Puis il en raya une. À la fin de la journée, il pourrait en rayer une autre.

Ce soir-là, lorsqu'il rentra au village des artisans, Ramosé se sentait bien pour la première fois depuis longtemps – depuis le moment qui avait précédé la mort de Topi. Rien ne put entamer sa bonne humeur, ni les ronchonnements de Paneb, ni les remarques narquoises de Ouéni, ni les moqueries des tailleurs de pierre.

Quand il arriva chez le scribe, il salua joyeusement Ianna et monta en courant sur le toit pour mettre son pagne propre. Arrivé en haut de l'escalier, il s'arrêta net. Karoya était assise sur son lit, bras croisés. Le contenu du coffre était étalé sur le lit, à côté d'elle.

–Je t'ai dit de ne pas toucher à mes affaires ! fit Ramosé avec emportement. Si tu m'as volé quoi que ce soit...

– Qui es-tu ? demanda tranquillement Karoya.

–Tu sais qui je suis.

–Je sais que tu as un beau coffret d'instruments de scribe incrusté d'ivoire et de joyaux, mais que tu te sers des vieux outils ordinaires que t'a prêtés Paneb. Et cet or, ajouta-t-elle en prenant les anneaux d'or, doit représenter de quoi nourrir toute une famille pendant un an.

– Je n'ai pas à justifier ce que je possède devant une esclave barbare ! répliqua Ramosé d'une voix qu'il s'efforçait de garder calme, mais sans y parvenir.

– Depuis le début, je trouve que tu es bizarre. Quand tu es arrivé, tu savais à peine nouer ton pagne tout seul. Et les orphelins n'ont pas coutume de boire du lait de gazelle. Je veux savoir qui tu es.

Ramosé lui arracha les anneaux d'or des mains et les rangea.

– Et puis il y a encore autre chose chez toi qui m'intrigue... reprit la jeune fille.

– Quoi ?

– Tu es très grossier. Les Égyptiens sont des gens étranges, mais ils sont polis. Ils disent toujours merci, même à une esclave. Toi, jamais.

– Si tu parles de ça à qui que ce soit, je...

Il ne trouva pas ce qu'il pourrait bien faire à Karoya.

Il avait besoin de temps pour réfléchir. Il sortit de la maison en courant, quitta le village et ne s'arrêta, la poitrine palpitante, le souffle rauque, que lorsqu'il fut auprès du rocher en forme de lion. Il plongea la main dans le creux. Il avait l'affreux pressentiment qu'il n'y aurait pas de message. Pourtant, sa main trouva non seulement un rouleau de papyrus, mais aussi un petit paquet d'étoffe nouée. Il les prit avec soulagement, brisa le sceau du papyrus et lut le message.

Mon prince, mon cœur est endeuillé et je suis accroupi, la tête sur mes genoux. Les nouvelles que je vous apporte ne vous causeront que du chagrin. Héria, votre nourrice bien-aimée, a quitté cette vie. Elle n'a pas souffert et est morte paisiblement, dans son sommeil. Les autres nouvelles sont moins tristes mais tout aussi mauvaises. La reine a su convaincre votre père. Elle a nommé un nouveau précepteur pour son fils, le prince Thoutmosis. Je suis envoyé enseigner en pays de Pount. J'ai fait mes adieux à la princesse Hatchepsout. Je serai déjà parti lorsque vous lirez cette lettre. Votre secret est encore bien gardé. Je ne sais quand je pourrai vous joindre de nouveau. Mes prières vous accompagneront chaque jour.

Les mains tremblantes, Ramosé ouvrit le petit paquet d'étoffe. Il contenait un splendide joyau bleu, presque trop gros pour tenir dans sa paume. C'était un scarabée en lapis-lazuli[1]. Il était cerclé d'or et présentait deux yeux en grenats d'un rouge profond. Sur le dos du scarabée, on avait gravé les trois hiéroglyphes qui représentaient le nom de Ramosé. Il retourna le joyau. Le fond plat présentait d'autres hiéroglyphes minuscules et finement gravés. C'était son scarabée de cœur, qui devait être enseveli avec

1. Pierre semi-précieuse bleu foncé, dotée d'une valeur extrême parce qu'elle avait pour les Égyptiens la couleur du ciel.

son corps momifié, soigneusement inséré entre les bandelettes, contre son cœur. Un autre message l'accompagnait. Il disait brièvement comment Héria avait réussi à prendre l'amulette sur le corps du petit villageois. Elle l'avait remplacée par un scarabée de céramique portant le nom du garçon. Heureusement, les prêtres ne s'étaient aperçus de rien. Ramosé regarda le joyau. Il était si beau, si vif au milieu de ce désert morne et incolore.

Ramosé tomba à genoux dans le sable. Au cours de ces dernières semaines, il avait contenu sa tristesse, il avait enfoui sa solitude et dissimulé ses craintes. Il ne pouvait plus rien retenir. Il avait cru que ses deux amis pourraient le sauver, mais ils avaient maintenant disparu tous les deux. Héria, la nourrice qui avait veillé sur lui depuis sa naissance, était partie à tout jamais. Kénében, son précepteur, se trouvait à présent bien loin, en terre étrangère. Son père le croyait mort, et sa sœur bien-aimée aussi. La reine qui le haïssait tant se trouvait toujours au palais et restait la favorite du roi. Il était donc seul au monde. Les larmes coulèrent une à une dans le sable, disparaissant aussitôt, aspirées par sa sécheresse. Ramosé pleura et sanglota jusqu'à ce que le sable soit tout humide sous son visage.

Une main lui effleura l'épaule. Surpris, Ramosé leva les yeux. Il pensa aussitôt qu'on avait envoyé les gardes du palais le chercher. C'était Karoya.

–Que se passe-t-il, Ramosé ? s'enquit-elle.

Ramosé s'essuya la figure sur son pagne.

–Pourquoi ce message t'attriste-t-il autant ?

Karoya lui frottait doucement le bras, comme Héria le faisait quand il était malheureux. Elle le regardait avec ce qui semblait une sollicitude sincère. Puis elle cessa soudain ses caresses en voyant le scarabée que tenait Ramosé.

–Où as-tu trouvé ça ? Je n'ai jamais vu de joyau pareil.

Ramosé se redressa, le scarabée sur ses genoux, mais sans rien dire.

–Quelle sorte d'apprenti scribe posséderait deux poignées d'or et des instruments de scribe dignes d'un roi ?

Ramosé ne répondit rien.

–Qui es-tu ? demanda de nouveau Karoya en examinant son compagnon.

–Tu poses beaucoup de questions, remarqua-t-il.

Ramosé se dit qu'il n'avait plus rien à perdre. Il fallait absolument qu'une personne au moins en Égypte sache qui il était et pourquoi il se cachait.

–Je suis le prince Ramosé, dit-il en faisant de son mieux pour prendre une attitude royale, malgré son visage maculé de larmes et de poussière. Troisième fils de Pharaon et héritier du trône d'Égypte.

–Le prince est mort. Même moi, je le sais.

–Il n'est pas mort. Je ne suis pas mort.

Karoya contempla le scarabée, puis Ramosé.

–Tu me crois ?

– Cela expliquerait en grande partie ta bizarrerie. Mais pourquoi un prince se cacherait-il au village ?

Ramosé lui raconta toute l'histoire, la mort de ses frères, la reine cruelle, et ses deux amis qui avaient craint pour sa vie.

– Mes amis étaient censés chercher des preuves contre la reine et le vizir pour convaincre Pharaon qu'ils avaient assassiné mes frères et tenté de m'assassiner aussi. Mais maintenant, mes amis ont disparu et il ne reste plus personne en qui je puisse avoir confiance à part ma sœur, Hatchepsout, et elle me croit mort.

– Tu peux avoir confiance en moi, dit la jeune esclave. Je ne dirai rien à personne.

Ramosé la dévisagea, et la crut.

– Merci.

CHAPITRE 9

Karoya avait tenu parole et n'avait rien dit à personne.

– Pourquoi as-tu un scarabée en pierre précieuse ? demanda-t-elle à Ramosé en pétrissant la pâte à pain dans un grand saladier en terre.

– C'est un scarabée de cœur, répondit Ramosé, qui la regardait, assis sur le sol de la cuisine.

– À quoi ça sert ?

– Celui-ci a été fait pour être enterré avec moi quand je mourrai.

– Il est très beau. Ça paraît dommage de l'enterrer dans une tombe.

– Quand un Égyptien meurt, son corps est conservé afin qu'il puisse voyager dans l'au-delà.

Karoya lui adressa un regard dubitatif et se mit à confectionner de petites galettes plates avec la pâte.

– J'en ai entendu parler. On sort tous les viscères et on enveloppe le corps dans des bandelettes de tissu.

– Pas tous les viscères : on laisse le cœur à l'intérieur. Dans l'au-delà, Osiris, le dieu du monde caché, juge si la personne mérite d'entrer dans son royaume. Anubis, le dieu à tête de chacal, prend le cœur et le pèse sur une balance. Si le cœur pèse exactement le même poids que la plume de vérité, posée sur l'autre plateau, alors Anubis sait que le propriétaire du cœur a été une personne bonne et honnête, et il le laisse entrer dans l'au-delà.

Karoya attisa le petit feu, sous le four conique, puis ajouta des tiges de roseaux ainsi que des plaques de bouse séchée dans les flammes.

– Qu'est-ce qui arrive quand il y a une différence de poids ?

– Ça veut dire que la personne ne mérite pas d'aller dans l'au-delà. Dans ce cas, nous avons un monstre, Ammout, la Grande Dévoreuse, à tête de crocodile, pattes antérieures de lionne et arrière-train d'hippopotame.

Karoya cessa d'attiser le feu.

– Quand le cœur est trop lourd, c'est que la personne est mauvaise, et le monstre le mange.

– Et le scarabée en pierre précieuse ?

– Mon nom est gravé dessus pour qu'Osiris sache qu'il s'agit bien de mon cœur. Sous le scarabée, il y a une prière pour que personne ne dise rien contre moi au jour du jugement.

Karoya prit les galettes de pâte et les colla contre la paroi conique du four.

–Est-ce que tu as été une bonne personne ? demanda-t-elle sans le regarder dans les yeux comme elle le faisait habituellement.

Ramosé n'avait jamais réfléchi à la question. Osiris remettrait-il en question la valeur du fils de Pharaon ?

–Je ne suis pas encore mort. Quand je serai plus vieux, je deviendrai pharaon, et je serai un bon pharaon, comme mon père. Je traiterai mon peuple convenablement.

–Et tu tueras les étrangers et tu les réduiras en esclavage, ajouta Karoya.

L'air embaumait le pain en train de cuire.

–Peut-être pas.

La première galette, une fois cuite, tomba sur le sol.

–Qu'est-ce que tu vas faire, maintenant ? questionna tranquillement Karoya.

C'était la question à laquelle Ramosé avait essayé de ne pas penser. La vérité, c'est qu'il n'en avait pas la moindre idée.

–À mon avis, tu n'as que deux solutions, dit Karoya en ramassant le pain chaud du bout des doigts. Soit rester ici et travailler au Grand Lieu, soit retourner en ville pour que ton père et ta sœur sachent que tu es en vie.

Ramosé regarda les galettes de pain tomber une à une à mesure qu'elles étaient cuites. À la pensée de revoir sa sœur, son cœur s'envola.

– Il faut que je retourne au palais, dit-il enfin. Je ne peux rien faire d'autre, ajouta-t-il, soulagé d'avoir pris une décision. Je resterai ici jusqu'à ce que mon père soit rentré de ses campagnes.

Karoya ramassa les miches cuites et les enveloppa dans du tissu.

Ramosé avait commencé à croire qu'il n'aurait d'autre choix que de rester éternellement au Grand Lieu, à compter les ciseaux et relever les ouvriers absents. Il s'était vu manger du pain dur et subir les moqueries sur sa maladresse et sa terreur des lieux clos jusqu'à ce qu'il devienne vieux et gras comme Paneb le scribe. Parler avec Karoya l'avait aidé à décider de ce qu'il convenait de faire. Il ne lui restait plus qu'à échafauder un plan, un moyen de retourner au palais.

Pour l'instant, il resterait où il était et attendrait que son père rentre de Kouch. Il lui fallait retourner travailler au Grand Lieu.

*

Ramosé décida de se tenir le plus possible à l'écart des autres garçons. Il se concentrerait sur son travail et chercherait à éviter les ennuis. Il trouva un coin tranquille, derrière l'entrepôt, et se mit à écrire sur un éclat de pierre. Il rédigeait la liste des provisions qui venaient d'arriver de la ville : sacs de grain, monceaux de poissons odorants, quelques bœufs prêts à être tués et aussi des légumes frais. Tout cela devait être distribué aux ouvriers en fonction de leur tâche au tombeau.

Ils étaient payés une fois par mois. Le scribe et le contremaître étaient ceux qui gagnaient le plus avec sept ou huit sacs de grain ; venaient ensuite les sculpteurs et les peintres, avec six sacs. Les ouvriers qui charriaient les blocs de pierre et les paniers remplis d'éclats de roc avaient droit à quatre sacs et demi chacun. Et enfin les apprentis recevaient deux sacs et demi par tête.

Les denrées périssables étaient réparties à peu près équitablement. Ramosé nota ses propres gains : deux sacs de grain, une douzaine de poissons, un dében[1] et demi de viande de bœuf, une jarre d'huile et un panier de légumes.

Ramosé ne verrait cependant pas la trace de ses gains. Il lui fallait rembourser les trois ciseaux qu'il avait endommagés et l'huile qu'il avait gaspillée en passant la moitié d'une nuit à recopier ses notes. Il devait aussi rembourser son matériel de scribe et la nourriture que Paneb lui avait fournie alors qu'il n'avait pas de revenus. Plusieurs mois s'écouleraient avant qu'il touche effectivement quelque chose.

Soudain, Ramosé ne parvint plus à se concentrer. Il se sentait observé. Il leva les yeux : c'était Karoya.

– Qu'est-ce que tu fais ici ? demanda-t-il. Pourquoi n'es-tu pas au village ?

1. Unité de poids, se situant entre 90 et 100 g.

–Je dois tirer les filets des poissons et les saler, répondit-elle. Ils doivent être séchés avant d'être distribués aux ouvriers.

–Alors tu vas rester un peu au Grand Lieu ?

–Pendant quelques jours. Je vais où on me dit d'aller.

–Ça me changera, d'avoir une amie ici, commenta Ramosé. Depuis mon arrivée, je ne me suis fait que des ennemis.

Samout s'approcha.

–Retourne travailler, esclave ! cria-t-il à Karoya en levant la main pour la frapper.

–C'est moi qui lui ai dit de venir, intervint Ramosé. Je dois savoir combien de poissons elle a évidés.

Samout s'éloigna en grommelant. Karoya sourit à Ramosé et retourna à sa tâche.

Maintenant qu'il s'était habitué à travailler et à parcourir dans les deux sens la galerie qui conduisait au cœur du tombeau, Ramosé ne s'écroulait plus sur son lit dès sa journée de labeur terminée. Il s'ennuyait. Le soir, les ouvriers se rassemblaient par petits groupes pour discuter. Certains œuvraient sur des sculptures personnelles destinées soit à leur propre tombe, soit à être vendues. Ils confectionnaient de petites représentations des dieux, ou des stèles*, des pierres gravées pour dire aux dieux tout ce qu'ils avaient fait de bien au cours de leur vie. Les peintres rapportaient parfois des outils ou de petits coffres qu'ils avaient fabriqués au village. Ils les peignaient pendant leur temps libre et les vendraient en rentrant chez eux. Les autres garçons passaient souvent la soirée à jouer, mais, ces derniers temps, Ouéni travaillait sur un coffre.

Ramosé rentra du tombeau avec des éclats de pierre qu'il voulait vérifier avant le coucher du soleil. Ouéni s'était installé devant la hutte et peignait avec application des hiéroglyphes sur le flanc du coffre. Ramosé ne regardait pas où il mettait les pieds. Il trébucha sur une pierre, fit quelques pas de côté pour tenter de retrouver son équilibre, et atterrit sur le coffre de Ouéni. C'était un coffre en bois tendre de tamaris et non en bois dur d'importation, aussi se fracassa-t-il en mille morceaux.

Ouéni était furieux. Il devint cramoisi et se mit à hurler en direction de Ramosé, le traitant de tous les noms qui lui venaient à l'esprit.

–Je suis désolé, Ouéni, dit Ramosé. Je ne l'ai pas fait exprès, je t'assure.

–Qu'est-ce que ça change, que tu l'aies fait exprès ou pas ? hurla Ouéni. Il est fichu, maintenant ! Qu'est-ce que ça peut me faire, que tu sois désolé ou pas ?

Après cet incident, Ramosé décida de ne rentrer à la hutte qu'à la nuit tombée. Il fit de longues promenades, gravissant les montagnes situées derrière le Grand Lieu. Non qu'il y eut grand-chose à y voir. Sur ces éminences pelées, le spectacle le plus excitant qui s'offrait à lui était une touffe d'herbe sèche, un lézard s'immisçant sous une pierre ou un scorpion qui se chauffait témérairement aux derniers rayons du soleil. Mais la marche permettait au jeune prince de réfléchir.

Ramosé savait que, lorsqu'il serait rentré au palais, ses problèmes seraient loin d'être terminés. Son père serait heureux de le voir et lui offrirait sa protection, il n'en doutait pas. Sa sœur se réjouirait de le savoir en vie, il en était certain aussi. Mais la reine Moutnefret et le vizir Ouersou feindraient d'être contents et s'empresseraient de comploter à nouveau sa mort. Il ne survivrait peut-être pas longtemps là-bas.

Il commençait à s'habituer à l'idée qu'il pouvait mourir, mais la pensée que personne ne connaîtrait jamais son histoire le révoltait. Un soir, après sa journée de travail, Ramosé décida d'escalader la montagne qui constituait le versant occidental de la vallée.

Le sommet formait une pyramide naturelle. C'était un lieu sacré appelé la Porte du ciel, qui semblait toucher les nuages et le royaume des dieux. C'est là qu'habitait la déesse cobra Meretseger. Il n'y avait pas de sentier qui conduisait là-haut. Personne ne gravissait jamais la Porte du ciel, car il n'y avait aucune raison de le faire.

Ramosé escalada les rochers et regarda les huttes des ouvriers rapetisser puis disparaître parmi les sables à mesure qu'il montait. Il contourna les falaises qui entouraient la vallée jusqu'à atteindre la crête la plus élevée du Grand Lieu. Il apercevait le village des artisans au-delà et, plus loin encore, la vallée du Nil. En plissant les yeux, il entrevoyait la lueur blanche des temples, sur la rive orientale du fleuve. Il crut même voir l'éclair doré d'un mât d'oriflamme, mais c'était sans doute dû à son imagination. Ce dont il pouvait en revanche être sûr, c'est que le soleil baissait à l'horizon. Il devait se dépêcher.

Après tout ce temps passé dans le tombeau étouffant et la hutte exiguë et bondée, cela faisait du bien d'être seul et d'avoir de l'espace pour respirer. Il continua de grimper. Un vautour décrivit de grands cercles paresseux au-dessus de lui. Ramosé arriva devant une seconde falaise. Il y avait un amoncellement désordonné de brindilles et de feuilles sèches perché en haut de la paroi. C'était le nid du vautour. Le garçon leva les yeux vers le grand oiseau, symbole de la déesse Nekhbet, protectrice du pharaon. L'oiseau avait dû parcourir bien des kilomètres pour apporter de quoi construire son nid en ce lieu désertique. C'était un bon présage. Ramosé décida que cet endroit conviendrait parfaitement.

Il posa son sac de roseau et en retira un ciseau en cuivre et un éclat de pierre couvert de sa propre écriture malhabile. Il choisit un endroit sur la surface rocheuse, un coin en retrait, dans un repli de la falaise, qui se trouverait plongé dans l'ombre étroite projetée par les à-pics environnants pendant la majeure partie de la journée. À cette heure, cependant, les rayons du soleil couchant le baignaient d'un éclat orangé.

Avant de se mettre au travail, Ramosé adressa une courte prière à Thot, dieu de l'écriture, et répandit quelques gouttes d'eau sur la roche. Le texte inscrit sur l'éclat de pierre relatait brièvement sa fuite du palais. Il allait à présent le recopier sur la falaise. Il sortit sa palette et un pinceau de roseau. Il traça d'abord des lignes verticales au charbon de bois pour s'aider à garder des colonnes bien droites. Puis, tenant son ardoise d'une main, il recopia de l'autre le texte en hiéroglyphes. Il traça d'abord soigneusement chaque signe à l'encre.

Dans la onzième année du règne de Pharaon Thoutmosis, le premier mois de la saison de Peret[1]*, au dix-septième jour, le prince Ramosé, fils de Pharaon Thoutmosis et de la reine Ahmès, frère aimé de Hatchepsout, vit encore. Ses ennemis ont tenté de mettre fin à ses jours, mais ils ont échoué. Il se vengera bientôt d'une telle infamie. Lorsque son auguste père s'envolera vers le*

1. D'octobre à mars.

ciel, Ramosé lui succèdera sur le trône de pharaon d'Égypte.

Le soleil baissait. Râ s'apprêtait à entamer son périlleux voyage à travers le monde* souterrain. Avant de se lever de nouveau, le dieu soleil devrait vaincre Apophis, le dieu serpent. Ramosé dut interrompre son travail pour regagner la vallée. Il descendit les falaises dans l'obscurité grandissante.

Le lendemain soir, il retourna à son poste et se remit à graver soigneusement ses hiéroglyphes. Ramosé avait peu d'expérience et travaillait lentement. Il voulait que ce soit impeccable. Il gravait chaque caractère avec attention, et ce travail l'apaisait. Si jamais le vizir Ouersou et la reine Moutnefret parvenaient à le tuer, son histoire serait à tout jamais gravée dans la pierre. Quelque part au monde, la vérité serait écrite, même si c'était dans un repli secret de falaise, haut perché dans la montagne et en plein désert, là où personne n'irait regarder.

Il était très concentré et gravait sa première colonne de signes.

– Pourquoi viens-tu aussi haut pour écrire ? fit une voix derrière lui.

Ramosé sursauta.

– Pourquoi pars-tu tout seul dans la montagne ?

– J'aimerais bien que tu cesses de me suivre partout, dit-il.

C'était Karoya, bien sûr.

– Les autres Égyptiens ont peur du désert et restent tous ensemble dans leurs huttes. Toi, tu y vas tout seul.

– Je n'aime pas plus le désert que n'importe quel autre Égyptien. Mais j'ai une raison de venir ici.

Karoya examina les hiéroglyphes que Ramosé avait déjà gravés dans la roche.

– Tu aurais pu graver ces dessins en bas, dans la vallée.

– Ce ne sont pas des dessins. C'est de l'écriture, la même que celle utilisée dans les tombeaux. Et si je fais ça ici, c'est parce que je ne veux pas qu'on le voie.

– Qu'est-ce que tu écris ?

– C'est mon histoire. Si je meurs et ne deviens jamais pharaon, il sera écrit ici que j'ai été trahi.

– Mais personne ne le verra.

– Karoya, tu veux bien te taire et me laisser travailler ?

Il fallut à Ramosé cinq expéditions à la falaise pour achever de graver son texte. Lorsqu'il eut terminé le dernier hiéroglyphe, il nettoya les traces d'encre et les traits de charbon de bois puis recula pour examiner son œuvre d'un œil critique. Il vérifia les signes gravés auprès du texte tracé à l'encre sur sa plaque de pierre pour s'assurer qu'il n'avait pas commis d'erreurs. Kénében serait fier de lui, pensat-il. Les hiéroglyphes étaient bien formés et réguliers. Les colonnes étaient bien droites. Paneb lui-même aurait pu le complimenter sur son travail.

Il commençait à se faire tard. Le soleil s'apprêtait à sombrer derrière la ville, sous l'horizon. Ramosé n'était jamais resté aussi tard dans la montagne. Il ramassa ses outils et les fourra dans son sac en roseau. Puis il perçut un bruit derrière lui, un mouvement de pierres. Il se retourna.

–C'est toi, Karoya ? lança-t-il. Je t'avais dit de ne pas me suivre.

Une silhouette jaillit de l'ombre qui s'épaississait, puis une autre. Ce n'était pas Karoya. Une troisième silhouette émergea. C'étaient Ouéni et ses compagnons.

–Qu'est-ce que tu fais ici, scribouillard ? questionna Ouéni.

–Je n'ai pas à te donner d'explications.

– Pourquoi as-tu apporté tes outils de scribe ici ? insista Nakhtamon en regardant autour de lui.

–C'est pas tes affaires.

–C'est quoi ? demanda Hapou en se baissant pour ramasser la plaque de pierre.

–C'est à moi, dit Ramosé.

Puis il s'en empara et la jeta vers le fond de la vallée. Il la vit se fracasser en mille morceaux en rebondissant contre la paroi rocheuse.

Ouéni s'approcha de Ramosé en jetant des regards soupçonneux alentour. Il regarda par terre puis scruta la paroi rocheuse maintenant orange vif dans les derniers rayons du soleil. Ramosé lui barra le passage.

– Pousse-toi ! commanda Ouéni en écartant Ramosé.

Celui-ci n'avait pas encore l'habitude qu'on le touche. Il redevint brusquement le prince ombrageux qu'il avait été, furieux qu'un simple ouvrier eût osé le toucher. Il leva la main avec colère pour empêcher Ouéni de porter à nouveau la main sur lui, et heurta du revers le visage du garçon. Ses jointures le touchèrent au nez et, lorsque Ramosé se retourna, il vit Ouéni, les mains collées à son visage et le sang coulant entre ses doigts.

Ouéni détestait perdre, et cela le mit lui aussi en rage. Il poussa de nouveau Ramosé, mais plus fort cette fois. Ramosé tomba en arrière dans la poussière. Il se redressa d'un bond et se lança sur son adversaire qu'il attrapa par les cheveux en lui donnant des coups de pied dans les mollets. Les deux garçons roulèrent au sol. la corniche était très étroite. Nakhtamon encouragea Ouéni.

– Frappe-le. Il l'a bien cherché !

Ramosé se libéra de l'étreinte de Ouéni et se releva.

– Attention ! cria Hapou. Tu es près du bord.

Toute la colère que Ramosé avait accumulée durant ces dernières semaines explosa. Il se jeta sur Ouéni en le bourrant de coups de poing et de coups de pied. Les garçons se retrouvèrent par terre et frôlèrent dangereusement le bord de la saillie. Des pierres dévalèrent l'à-pic et disparurent dans la nuit. Ouéni parvint à se mettre debout. Ramosé plongea vers lui. Ouéni frappa à l'aveuglette. Ramosé recula d'un pas pour éviter le coup, et le sol céda sous son pied. Il perdit l'équilibre et tomba en arrière. Pendant un bref instant, il vit le visage pétrifié de ses trois ennemis alors qu'il dévalait la pente en direction de la falaise. Il crut discerner une lueur de triomphe dans les yeux de Ouéni, puis les visages se fondirent dans l'obscurité.

CHAPITRE 10

Ramosé se réveilla et frissonna. Il espérait que ce n'était qu'un rêve, mais il avait trop peur pour ouvrir les yeux. Et si ce n'en était pas un ? Il souleva une paupière. Il faisait noir. Ramosé avait le corps tout endolori. Il avait mal partout, mais surtout à la poitrine. À la poitrine et à la tête. Il entendait les mouvements de petits animaux. Il ouvrit l'autre œil et ne vit que du noir. Le nom de la déesse Meretseger signifiait « celle qui aime le silence ». Elle punissait ceux qui troublaient sa tranquillité en les rendant aveugles. La bagarre avec Ouéni avait-elle offensé la déesse cobra ? Il tourna un tout petit peu la tête vers la gauche. Le noir était à présent parsemé de minuscules points de lumière. Les étoiles. Les âmes des morts. Il n'était pas aveugle. Mais il avait froid. Il faisait très froid la nuit, dans le désert. Ramosé n'avait jamais eu aussi froid de sa vie. Quelque chose doté de beaucoup de pattes lui passa lentement sur le bras.

C'était la troisième fois qu'il se réveillait en craignant d'être mort. Mais cette fois, il commençait à être presque sûr que ce n'était pas le cas. Il y avait des pierres qui lui rentraient dans le dos. Il avait le bras droit coincé contre le sol au-dessus de la tête. En tendant la main, il sentit la surface rocheuse et accidentée monter en pente. Il bougea précautionneusement la main gauche. Il y avait bien de la roche sous son coude, mais il ne sentit plus rien d'autre que l'air froid au-delà. Il était sur une corniche. Mais impossible de savoir s'il se trouvait à une coudée ou à mille du pied de la falaise. Il avait trop peur pour tenter le moindre mouvement. La corniche était étroite et il craignait de tomber de nouveau. De toute façon, il ne pensait pas être en état de s'asseoir.

Personne ne viendrait le chercher avant le matin, et, même à ce moment-là, il n'était pas sûr qu'on prendrait la peine de le faire. Détournerait-on des ouvriers de leur tâche au tombeau de Pharaon pour aller chercher un apprenti scribe malhabile et claustrophobe ? Il en doutait. Il était peut-être en vie, mais il ne savait pas pour combien de temps.

La lune apparut lentement dans la nuit noire sur sa droite. Elle était presque pleine. Grâce à sa lumière, Ramosé distingua la forme de la pente rocheuse qu'il avait dévalée. L'à-pic était encore en dessous de lui. Ramosé se sentait étrangement calme. Maintenant qu'il affrontait réellement la mort, il n'en avait pas vraiment peur. Il entendit un hurlement au loin. Des hyènes. Son cœur bondit dans sa poitrine. Son scarabée de cœur se trouvait toujours dans son sac en roseau, dans le repli de falaise où il avait gravé l'histoire de sa vie. Quand il arriverait dans l'au-delà, comment Osiris saurait-il qui il était ? Si les bâtisseurs du tombeau l'enterraient, le dieu du monde souterrain le prendrait pour un simple orphelin, et il resterait un apprenti scribe sans famille pour l'éternité.

Une vague de solitude le submergea. Il aurait voulu revoir Hatchepsout avant de mourir. Il s'était si souvent senti triste et esseulé depuis ce jour, au palais, où son petit singe était mort. En réalité, il était seul depuis beaucoup plus longtemps que ça, mais maintenant, il était totalement isolé. Il gisait en plein désert, terre des morts, loin du pays des vivants accroché aux bords du Nil. Une pensée plus sinistre encore lui vint à l'esprit : si personne ne retrouvait son corps, il ne pourrait même pas atteindre l'au-delà. Ses chairs seraient dévorées par les hyènes et les vautours. Et alors il serait à tout jamais oublié.

Karoya dirait peut-être aux artisans qui il était vraiment. Mais ils ne la croiraient pas, bien sûr. Elle les conduirait alors au texte qu'il avait gravé dans le roc de la falaise, tout en haut de la Porte du ciel. Peut-être même qu'elle trouverait son scarabée de cœur afin qu'il puisse être enterré avec. Il aurait presque ri si sa poitrine ne l'avait pas fait tant souffrir. Son salut éternel dépendait donc d'une jeune esclave barbare trop curieuse.

Il sombra alors dans le sommeil et fit des cauchemars où il était perdu dans le monde souterrain et où le singe Topi lui-même ne le reconnaissait pas. Il se réveilla de nouveau, et les étoiles avaient bougé. La lune était haut dans le ciel. Il avait tellement froid qu'il n'arrivait même plus à remuer les doigts. Le hurlement des hyènes semblait se rapprocher.

Il y avait une étoile qui traversait le ciel si vite qu'il la voyait avancer. Elle se déplaçait curieusement, pour une étoile. On aurait dit qu'elle se balançait d'avant en arrière dans le ciel. Elle devenait de plus en plus brillante et elle avançait vers lui. Peut-être Osiris savait-il qu'il allait mourir et venait-il déjà le chercher. Peut-être, en fin de compte, n'avait-il pas été abandonné.

– Ramosé ! appela une voix. Ramosé, est-ce que tu es vivant ?

C'était une voix féminine. Il s'agissait peut-être de la déesse cobra Meretseger qui venait le chercher pour le conduire au ciel, tout en haut de la montagne.

– Je ne sais pas, répondit Ramosé.

– Je crois qu'on peut raisonnablement penser que tu l'es, dit une autre voix, une voix de garçon cette fois.

L'étoile descendit jusqu'à son visage. C'était en fait une lampe à huile tenue par une main. Et la main était celle de Karoya. Le visage de la jeune fille pénétra dans le cercle de lumière, ce qui fit briller sa peau pareille à de l'ébène polie.

– Est-ce que ça va ? demanda l'autre voix alors qu'un autre visage entrait dans la lumière.

C'était celui de Hapou, l'apprenti peintre.

– Évidemment, qu'il ne va pas bien ! fit Karoya avec impatience en examinant Ramosé à la lumière de la lampe. Il est couvert de bleus et il a une vilaine entaille au front.

Elle tendit la lampe à Hapou et tâta doucement les bras et les jambes de Ramosé. Ensuite elle lui prit la tête et la bougea précautionneusement d'un côté, puis de l'autre. Enfin, elle posa les mains sur sa poitrine. Ramosé poussa un cri de douleur.

– Tu as des os de cassés là-dedans, commenta-t-elle.

– On ne pourra pas le porter, dit Hapou.

– On n'aura pas besoin de le porter, assura Karoya. Il peut marcher.

Il paraissait absolument impossible de se lever et de marcher. Karoya tira une gourde de cuir de sa ceinture et la porta aux lèvres de Ramosé. Il sentit le liquide lui couler dans la gorge. Ce n'était pas de l'eau, mais du vin. Ramosé se réchauffa de l'intérieur. Karoya prit encore une petite boîte métallique dans les plis de sa ceinture. Elle contenait quelque chose qui sentait très fort.

– Qu'est-ce que c'est ? demanda Ramosé.

– Un onguent du pays de Kouch. Il ne m'en reste que très peu.

Elle frotta les bras et les jambes de Ramosé avec du baume. Il ressentit des picotements et put de nouveau remuer les doigts et les orteils.

–Hapou, mets-toi derrière lui. Il faut que je le mette debout.

Mais Hapou ne savait pas par où le prendre.

–Je ne veux pas lui faire mal, dit-il.

–Il y a des fois où l'on ne peut pas éviter la douleur, répliqua Karoya. Tu pousses, je tire.

Ramosé était en train de se dire qu'il était très bien où il était quand une douleur insupportable à la poitrine lui fit pousser un cri. L'instant d'après, il était sur ses pieds.

Le ciel commençait à s'éclaircir. Ramosé voyait maintenant qu'il avait atterri sur une étroite corniche large d'une coudée à peine. S'il était tombé plus bas, il se serait certainement tué. Hapou essayait de ne pas regarder le vide en dessous d'eux. L'à-pic était vertigineux.

–Quittons cette corniche.

–Tu peux marcher, Ramosé ?

Ramosé hocha la tête. Ses jambes obéissaient lentement et maladroitement, lui donnant l'impression d'être en pierre.

–J'ai ton sac, Ramosé, annonça Karoya. On l'a trouvé là-haut, là où tu t'es battu avec Ouéni.

Elle prit Ramosé par la main et le conduisit prudemment le long de la corniche, jusqu'à ce qu'ils débouchent dans un endroit plus large, plus ouvert et qui descendait en pente douce jusqu'au fond de la vallée. Ramosé avait perdu une sandale, et l'autre était cassée. Hapou lui donna les siennes.

–Je m'excuse de t'avoir laissé dans la montagne, dit-il.

Hapou soutenant Ramosé d'un côté, Karoya le soutenant de l'autre, ils avançaient avec peine. Ramosé apprit que ni Ouéni ni Nakhtamon n'avaient parlé à quiconque de ce qui s'était passé.

–Je les ai vus te suivre dans la montagne, dit Karoya. Et puis je les ai vus revenir à la nuit tombée, sans toi.

Elle avait interrogé les garçons, leur demandant ce qui s'était passé. Ouéni et Nakhtamon n'avaient rien voulu dire, mais Hapou lui avait tout raconté.

–Ouéni a dit que nous en parlerions au contremaître si tu n'étais pas rentré au lever du soleil, raconta Hapou. Mais je savais qu'à ce moment-là, tu serais peut-être mort.

Ils avaient donc attendu que la lune se lève et étaient allés le chercher. Lorsqu'ils atteignirent enfin le fond plus praticable de la vallée, il faisait jour. Râ avait survécu aux périls de son voyage nocturne. Ramosé aussi.

CHAPITRE 11

Ramosé plissa le nez.

– Qu'est-ce que c'est ?

Karoya pressait quelque chose de mou, humide et nauséabond contre la plaie qu'il avait à la tête.

– C'est de la viande.

– Ça sent mauvais.

– Il faut toujours soigner les blessures à la tête avec de la viande, le premier jour.

– À l'odeur, elle n'est pas très fraîche.

– On ne peut pas trouver plus frais ici.

– C'est encore un de tes remèdes du pays de Kouch ?

– Non, j'ai appris ça avec un prêtre égyptien, répondit Karoya en fixant la viande contre le front du garçon à l'aide d'une bande de tissu. Demain, je me servirai de graisse de bœuf et de miel.

– Ce n'est guère plus tentant, marmonna Ramosé. Au palais, quand je me faisais mal, les prêtres disaient des prières, et les bijoutiers royaux me fabriquaient des amulettes que je devais porter autour du cou pour chasser les mauvais esprits.

–Pas de prêtre, répliqua Karoya. Juste un petit morceau de viande de bœuf.

–Et les os brisés, dans ma poitrine ?

– Ça guérira tout seul si tu ne bouges pas.

Mais Ramosé n'eut pas le loisir de rester longtemps sans bouger. On lui donna deux jours pour se remettre avant d'être appelé devant une sorte de tribunal. Ouéni, Nakhtamon et Hapou furent eux aussi convoqués. Le tribunal était constitué du scribe Paneb, de Samout le contremaître et de deux maîtres artisans.

–Pourquoi êtes-vous montés sur la montagne sacrée ? demanda Paneb.

–Nous avons vu Ramosé y aller, et nous avons eu peur qu'il se perde, mentit Ouéni.

–Et quand nous l'avons trouvé, il a attaqué Ouéni. Il lui a donné un coup de poing sur le nez, ajouta Nakhtamon.

–Est-ce ainsi que cela s'est passé, Ramosé ? demanda le contremaître.

–Je n'ai pas voulu le frapper, répondit Ramosé. Je voulais juste le repousser.

–Je me suis protégé, c'est tout, assura Ouéni. Et puis le pied de Ramosé a glissé, et il est tombé.

Hapou ne dit rien.

–Vous vous êtes conduits comme des irresponsables ! décréta Paneb.

–Nous sommes tous ici, au Grand Lieu, pour préparer le tombeau de Pharaon, puisse-t-il avoir santé et longue vie, dit le contremaître. Vous êtes des gamins privilégiés de pouvoir travailler en ce lieu. On vous a confié la connaissance de tout ce qui touche au tombeau de Pharaon. Nous seuls, bâtisseurs des tombeaux, avons cette connaissance. Le Grand Lieu et la Porte du ciel sont des lieux sacrés.

–Vous devriez être bannis du Grand Lieu, dit Paneb. Mais, avec deux tombeaux en construction, nous avons besoin de toutes les mains disponibles.

Il fut convenu que chacun des garçons recevrait dix coups de fouet et paierait une amende d'une semaine de ration de grain. Ramosé fut exempté de coups de fouet, étant donné qu'il était déjà couvert d'ecchymoses jaunâtres et violacées.

–Je pense qu'il serait judicieux de vous séparer pendant quelque temps, dit Samout. Ramosé et Hapou, vous irez au Lieu de beauté. Présentez-vous dès demain matin au contremaître qui travaille là-bas.

*

Le Lieu de beauté était la vallée située au sud du Grand Lieu. Il était réservé aux sépultures des autres membres de la famille royale. Il s'y trouvait déjà trois tombeaux. Il y avait ceux des deux frères de Ramosé, Ouadzmosé et Aménèmes. L'entrée en était tenue secrète, afin que les pillards ne puissent les trouver. Ramosé se retrouva à l'entrée de la troisième sépulture de la vallée, qui était encore en construction. Il s'agissait de la sienne.

Au Grand Lieu, Ramosé avait été tellement absorbé, pris par les détails de la vie quotidienne, la possibilité de sa mort prochaine et l'état des ciseaux des artisans, qu'il n'avait pas eu le temps de penser aux préparatifs de ses propres funérailles. L'état d'esprit des artisans qui travaillaient là était tout différent de celui qui animait les bâtisseurs du tombeau de Pharaon. Les hommes s'activaient, et l'urgence de la situation se faisait nettement sentir. À peine les deux garçons furent-ils arrivés que le contremaître les mit au travail. Il envoya aussitôt Hapou à l'intérieur pour aider les peintres.

–Je veux que tu vérifies l'écriture sur les murs, dit-il à Ramosé. Le travail a été fait rapidement et notre scribe est malade depuis des semaines. Vérifie qu'il n'y a pas d'erreur.

Ramosé pénétra dans la sépulture. L'air frais lui donna la chair de poule. C'était un petit tombeau, comparé à celui de son père. Quelques marches conduisaient à un couloir réduit, qui donnait directement dans la chambre funéraire. Celle-ci avait une forme curieuse. Au lieu d'être rectangulaire, elle était plus étroite à un bout. Il y avait à un coin comme une grosse masse découpée qui formait saillie. Le contremaître vit le regard de Ramosé se poser dessus.

–Les carriers sont tombés sur une veine de silex, expliqua-t-il.

À l'intérieur des falaises, la roche était généralement tendre et facile à sculpter, mais il pouvait y avoir des affleurements de silex très dur. Pas assez résistants, les ciseaux de cuivre des tailleurs de pierre gauchissaient et cassaient.

–Nous n'avons pas eu le temps de commencer à creuser une nouvelle chambre, alors nous avons dû laisser les choses comme ça. Ce sera difficile de faire rentrer le sarcophage, mais on n'y peut rien.

Ramosé examina les dessins sur les murs. Une équipe de six peintres, qui comprenait à présent Hapou, était occupée à reproduire des textes sur trois des murs. Il s'agissait d'instructions pour mener à bien la traversée du périlleux monde souterrain. Les peintres traçaient également des cartes montrant deux manières différentes de franchir le territoire des monstres et les lacs de feu. Hapou était agenouillé et traçait une bordure de tiges de papyrus et d'yeux de Horus*.

–Nous n'avons eu le temps de sculpter qu'un seul pan de mur, expliqua le contremaître. Trois tombeaux en deux ans ! Comment sommes-nous censés nous débrouiller ?

Ramosé regarda de plus près le bas-relief inachevé représentant Anubis, le dieu des morts à tête de chacal, en train de conduire un jeune garçon devant Osiris, dieu du monde souterrain. Un premier sculpteur attaquait doucement la pierre afin de donner forme au pagne du garçon. Un deuxième gravait le nom du garçon à côté en hiéroglyphes élégants. C'était le nom de Ramosé. Ramosé prit alors conscience qu'il s'agissait de lui. On pesait son cœur à l'aune de la plume de vérité. Thot, le dieu de l'écriture à tête d'ibis, notait les résultats. Le monstre Ammout, mélange de crocodile, de lionne et d'hippopotame, observait la scène, prêt à bondir sur le cœur pour le dévorer s'il était alourdi par les mauvaises actions.

Un troisième sculpteur travaillait à l'autre bout du mur. Il mettait la dernière touche à un portrait de la famille de Ramosé : son père Pharaon, sa mère, sa superbe sœur Hatchepsout, ses deux frères et lui-même petit garçon. Il était représenté assis sur les genoux de sa mère. Un chat jouait sous la chaise.

Ce n'était probablement pas un portrait ressemblant de sa mère. Le dessinateur qui avait tracé les contours pour le sculpteur n'avait jamais dû la voir. Ramosé ne se rappelait pas comment elle était. Il approcha la lampe de l'image de la reine. Elle était belle. Calme et souriante. Une main élégante reposait sur l'épaule de l'enfant sur ses genoux. Le sculpteur qui travaillait aux hiéroglyphes venait de terminer son œuvre sur l'autre mur. Il s'approcha pour graver le nom des membres de la famille. C'était un artisan expérimenté. Suivant les contours peints sur la paroi, il grava les formes à petits coups réguliers assurés. Les esquisses rapides se transformèrent bientôt en beaux hiéroglyphes en trois dimensions, chacun étant en soi une véritable petite œuvre d'art. Ramosé s'approcha. Près de l'image de sa mère, le sculpteur avait gravé les hiéroglyphes figurant le nom de Moutnefret.

– Arrêtez ! cria Ramosé en saisissant la main de l'artisan.

– Qu'est-ce que tu fabriques, gamin ? demanda le sculpteur.

– Vous avez commis une erreur ! répondit Ramosé avec colère.

Surpris par le ton de sa voix, l'artisan se retourna pour regarder le nouvel apprenti scribe.

– De quoi parles-tu ?

– Moutnefret n'est qu'une reine de moindre importance. La grande épouse royale s'appelait Ahmès. Vous vous êtes trompé de nom.

– Nous sommes pressés, répliqua le sculpteur en se remettant au travail. Je n'ai pas le temps de recommencer.

– Il faut changer ça ! cria Ramosé en arrachant le ciseau des mains de l'artisan.

Hapou se précipita pour retenir Ramosé avant que celui-ci ne soit de nouveau blessé.

– Calme-toi, Ramosé. Cela a-t-il de l'importance, si ce n'est pas la bonne reine ?

– Mais oui, c'est important. C'est très important. Moutnefret n'est pas la mère du prince Ramosé. Il faut corriger le nom.

Ramosé cessa de se débattre, et Hapou relâcha son étreinte. Dès qu'il fut libre, le prince bondit sur le bas-relief et attaqua au ciseau le nom de la reine abhorrée. Il eut le temps de faire sauter les deux premiers hiéroglyphes du mur avant que les ouvriers, surpris, comprennent ce qu'il était en train de faire et le jettent par terre. Ramosé tomba rudement et poussa un cri de douleur lorsque ses côtes brisées heurtèrent le sol de pierre.

Hapou écarta les hommes agglutinés autour de son ami pour s'agenouiller près de lui.

–Il récupère encore d'un accident, expliqua Hapou en montrant la plaie sur la tête de Ramosé. Il est tombé. Ça a peut-être affecté un peu ses facultés.

–Plutôt beaucoup, je dirais, commenta le sculpteur en regardant son travail abîmé.

Le contremaître arriva dans la chambre funéraire.

–Qu'est-ce que c'est que ce vacarme ?

–Le nouvel apprenti scribe fait des trous dans les murs.

–Mais il y avait une erreur, protesta Ramosé en se tenant les côtes. J'ai simplement voulu corriger le nom de la reine. Vous m'avez demandé de vérifier qu'il n'y avait pas d'erreur.

–Je ne t'ai pas demandé de faire des trous où que ce soit.

Les hommes regardèrent l'apprenti scribe puis retournèrent à leur travail en secouant la tête. Ramosé prit une plaque de pierre et un pinceau dans son sac. Puis il écrivit le nom de sa mère aussi soigneusement qu'il put.

–Voici le vrai nom de la reine, dit-il en tendant la plaque au sculpteur.

–Recouvrez les dégâts et regravez le nom de la reine, ordonna le contremaître. Et toi, ajouta-t-il avec colère en se tournant vers Ramosé, va vérifier les hiéroglyphes peints sur les autres murs. Tu es là pour ça.

Ramosé et Hapou prirent leur déjeuner dans la vallée.

–Tu dois aimer t'attirer des ennuis, fit Hapou avec un sourire malicieux.

–Bien sûr que non.

–Ce n'est pas l'impression que tu donnes, dit Hapou à travers une bouchée de poisson séché. Il n'y a qu'une matinée que nous sommes là, et tu t'es déjà mis la moitié de l'équipe à dos en plus d'avoir pris une amende d'un sac de grain pour avoir endommagé le tombeau.

Ramosé trempa son pain dans la soupe de lentilles et mangea sans faire de commentaires.

–Tu es vraiment bizarre, commenta Hapou en examinant Ramosé, comme pour essayer de cerner son nouvel ami.

–Qu'est-ce que j'ai de bizarre ?

–Tu pars tout seul dans la montagne, tu t'attaques à des hiéroglyphes gravés, tu es ami avec une esclave.

–J'ai de bonnes raisons pour tout cela.

–Je n'en doute pas, mais moi, je ne les connais pas.

–Je ne peux pas t'expliquer.

–C'est peut-être parce que tu viens du Sud.

–Peut-être, répliqua évasivement Ramosé, désireux de changer de sujet. Est-ce que tes amis te manquent ? demanda-t-il à Hapou.

–Pas vraiment. Ouéni n'est pas vraiment mon ami. Il cherche toujours les ennuis.

–Comme moi.

–Non, pas comme toi. Ouéni est mauvais. Il se plaît à blesser les gens. Toi, tu ne t'attires pas des ennuis exprès. Tu n'es pas méchant, tu n'es pas très malin, c'est tout, commenta Hapou en riant.

Ramosé rit aussi. Quelques semaines plus tôt, il se serait emporté en entendant quelqu'un se moquer de lui de la sorte. Maintenant, cela ne lui faisait plus rien.

–Allons, les garçons, lança le contremaître en passant précipitamment près d'eux. Il est temps de se remettre au travail. Un messager vient d'arriver de la ville. Il va y avoir une visite royale.

–Le pharaon ? interrogea Hapou. Il vient ici ?

–Exactement. Pharaon lui-même, puisse-t-il avoir longue vie, santé et prospérité. Il sera ici dans quelques jours pour voir où en est son tombeau. La moitié de notre équipe va devoir descendre au village pour installer sa résidence.

–Viendra-t-il inspecter aussi le tombeau du prince ? demanda Ramosé.

– Oui, et nous avons ordre de terminer les travaux avant sa venue.

Le cœur de Ramosé se mit à battre plus vite. Il n'avait plus à se faire de souci pour savoir comment regagner le palais afin de voir son père. C'était son père qui viendrait à lui. Ramosé devait saisir sa chance. Il verrait son père et lui ferait savoir qu'il était encore en vie.

CHAPITRE 12

Les artisans passèrent les neuf jours suivants à travailler de longues heures pour achever le tombeau. Il ne restait pas vraiment assez de temps, mais ils firent de leur mieux pour que le tombeau soit le plus près possible d'être terminé. Ramosé leur en fut reconnaissant, même si ce n'était pas vraiment lui qui serait inhumé à l'intérieur. Il relut soigneusement tous les textes sur les murs. Le petit paysan qui devait être enterré ici à sa place méritait bien de pouvoir trouver son chemin dans l'au-delà.

À la fin de la semaine, il y eut une fête pour célébrer l'achèvement du caveau et remercier les artisans d'avoir autant travaillé. On sortit davantage de nourriture des magasins et l'on confectionna du pain et des gâteaux spéciaux. Des vacances étaient également prévues. Au lieu des deux jours habituels, les artisans auraient quatre jours de repos avant de reprendre leur ouvrage au Grand Lieu.

Ramosé et Hapou remontèrent le sentier d'un pas lourd. Lorsqu'ils atteignirent le sommet de la montagne, ils découvrirent le village de l'autre côté. Il n'y avait généralement aucun signe d'activité, et l'assemblage de maisons en briques crues se fondait aisément dans le paysage. Mais des gens s'affairaient à présent entre le village et l'édifice de briques poussiéreux qui se dressait à l'écart et était resté inachevé depuis l'arrivée de Ramosé dans la vallée.

Pendant l'absence des deux garçons, on avait précipitamment transformé le bâtiment inachevé en résidence royale. Ses murs étaient à présent terminés. Celui du fond présentait de grosses taches brunes là où les briques crues n'avaient pas encore fini de sécher. On était en train de blanchir les autres murs à la chaux. Des hommes ramassaient les pierres autour de l'édifice et aplanissaient un sentier relié à celui qui conduisait à la ville, par-delà la montagne. D'autres ouvriers étaient occupés à dresser deux mâts à l'extrémité dorée pareils à ceux qui entouraient le palais, sur la rive du Nil. Une douzaine d'ânes attendaient devant l'édifice, et des gens se dépêchaient de les décharger de quantités de meubles et denrées diverses.

Karoya guettait les deux garçons à la porte du village.

–J'imagine que vous avez appris la nouvelle ? leur demanda-t-elle dès qu'ils furent à portée de voix.

–De la visite de Pharaon ? dit Hapou. Bien sûr que nous en avons entendu parler. Il a fallu faire en sorte que le tombeau du prince soit prêt pour l'inspection.

–Les ânes ont fait des allées et venues toute la journée. Je n'ai jamais rien vu de pareil. Regardez ces meubles !

On portait des chaises et des tables basses dans la résidence. Chaque pièce de mobilier était peinte de couleurs vives ou incrustée d'or, de turquoise et de lapis-lazuli. Il y avait aussi des sofas dorés en forme d'animaux : un lion, un léopard, une gazelle.

Karoya regarda Ramosé. Celui-ci n'avait rien dit, mais elle savait ce que cela signifiait pour lui.

Inconscient, Hapou continuait son bavardage.

–Nous avons eu droit à un festin dans la vallée, avec du vin et des gâteaux au sucre, dit-il. Tu n'avais pas gardé un gâteau pour Karoya, Ramosé ?

Ramosé hocha la tête et sortit de son sac un petit paquet en tissu pour le donner à Karoya. La jeune fille l'ouvrit et sourit. Il contenait un gâteau en forme de chat.

–Qu'est-ce qu'on va faire pendant nos quatre jours de repos ? demanda Hapou alors qu'ils entraient dans le village.

–J'ai quelques idées, dit Ramosé.

*

Le lendemain matin, la scène n'avait guère changé à l'extérieur du village. D'autres ânes arrivaient, chargés de marchandises destinées à la résidence royale. Ramosé et ses amis furent tous convoqués pour donner un coup de main. Congé ou pas, tout le monde devait faire en sorte que tout soit prêt pour Pharaon.

L'après-midi venu, sans tenir compte de la chaleur du soleil, tous les villageois se rassemblèrent dehors pour accueillir le cortège. Peu d'entre eux avaient déjà vu Pharaon. Ils attendirent encore et encore. Ramosé se tenait nerveusement au milieu de la foule. Ils attendaient toujours.

–Pourquoi as-tu apporté ta palette et tes pinceaux ? questionna Hapou.

–On me demandera peut-être de noter quelque chose, répondit évasivement Ramosé.

Karoya devina qu'il avait un plan, mais n'en demanda pas davantage.

Un groupe d'une vingtaine de personnes à pied apparut enfin en haut de la vallée.

–Ils sont tellement nombreux, commenta Karoya, qui avait grimpé sur un rocher pour mieux voir. Je me demande lequel est Pharaon.

Hapou éclata de rire.

–Aucun de ceux-là. Ce sont tous des serviteurs, des musiciens, des danseurs, des cuisiniers.

Deux chaises couvertes surgirent sur le sentier. Elles étaient drapées d'une étoffe blanche bordée d'or et portées sur des perches par d'autres serviteurs.

–Voici Pharaon, indiqua Hapou.

–Mais il est tout recouvert. Je ne pourrai même pas le voir, commenta Karoya, désappointée.

– Tu seras en sa présence. Ça suffit.

– Et qui est dans l'autre boîte ? s'enquit Karoya en tendant le cou dans l'espoir d'entrevoir quand même quelque chose.

– Je ne sais pas, dit Ramosé. Sans doute la reine Moutnefret.

Ramosé savait que s'il devait agir, il devait le faire maintenant. Pendant que ses amis contemplaient la procession royale, il s'approcha des gens qui continuaient frénétiquement de porter les dernières marchandises à l'intérieur. Quatre ânes attendaient patiemment d'être déchargés. La porte de la résidence royale était gardée par deux hommes armés de poignards. Ramosé s'approcha des ânes et en frappa un sur la croupe. Surpris, l'animal fila à toute vitesse en piétinant une pile de légumes. Les autres le suivirent au galop.

– Vite ! cria Ramosé aux gardes. Rattrapez-les ! Pharaon arrive. Il sera ici dans quelques minutes.

Les gardes coururent docilement après les ânes. Ramosé prit sa palette de scribe et une plaque de pierre et fit mine de prendre des notes. Il ramassa un panier d'oignons et franchit la porte.

Son plan était assez flou. Il ne voulait pas se présenter devant son père en présence d'une foule de personnes. Pharaon aurait un choc : il le croyait mort, après tout. Non, Ramosé voulait se cacher quelque part et attendre que son père soit seul dans ses appartements. La cour débordait d'activité de dernière minute. Ramosé la traversa et pénétra très naturellement dans la résidence. N'était-ce pas sa résidence ?

L'effervescence régnait aussi à l'intérieur. Ramosé remonta le couloir d'un air décidé, portant sa palette et un pinceau coincé sur l'oreille. Personne ne lui posa de question.

On avait préparé deux chambres. Dans la première, des femmes étaient occupées à disposer des miroirs, des fards et des draperies autour du lit. Ramosé entrevit les sofas dorés en forme d'animaux. La chambre d'en face offrait un lit plus grand orné d'un ciel de lit en bois sculpté et un magnifique fauteuil doré décoré de têtes de lions et de serpents ailés en guise d'accoudoirs. Ramosé y entra. La lumière du couchant pénétrait par les grilles du plafond et éclairait l'étoffe somptueuse qui recouvrait le lit. Il respira l'air frais, qui embaumait l'encens.

La grande chambre donnait sur une pièce plus petite, équipée d'une baignoire d'albâtre blanc encastrée dans le sol. De grandes jarres en terre presque aussi grandes que Ramosé étaient posées à côté de la baignoire. Elles étaient remplies d'eau fraîche apportée de la vallée du Nil afin que Pharaon puisse se baigner.

Puis le bruit des voix et des pas précipités cessa brusquement dans la résidence. Ramosé sut que le cortège royal venait d'arriver. Il resta dans la salle de bains et attendit. Son cœur battait si fort que le martèlement semblait remplir la pièce silencieuse. Il allait revoir son père. Il n'avait plus que quelques minutes à attendre, mais le temps lui paraissait long, si long ! Puis il entendit une voix grave crier des ordres dans la chambre.

– Où sont mes vêtements propres ? Qu'on m'apporte du vin, tout de suite.

La voix était familière. C'était une voix que Ramosé avait entendue toute sa vie. Mais ce n'était pas celle de son père. C'était la voix impatiente et colérique du vizir Ouersou.

– Je veux retirer ces vêtements sales et me laver de la poussière de cet endroit perdu.

Ramosé chercha autour de lui. Il n'y avait nulle part où se cacher. Il entendit les serviteurs arriver précipitamment avec la malle du vizir. Des pas approchèrent. Ramosé savait que si le vizir le découvrait, il serait mort avant la fin du jour. Il n'avait pas le choix. Ramosé parvint à s'introduire dans l'une des énormes jarres. L'eau froide lui coupa le souffle. À mesure qu'il s'enfonçait, l'eau se mit à déborder sur les pavés de pierre blanche. Le niveau de l'eau arrivait au ras du bord de la jarre, et Ramosé avait encore la tête à l'extérieur. Le bruit de pas s'intensifia. Ramosé ferma les yeux et plongea la tête sous l'eau, ne maintenant que le nez au-dessus de la surface.

Le vizir entra. Sous l'eau, Ramosé entendait les sons déformés de sa voix de crocodile hurlant après les serviteurs. Malgré la paroi de la jarre, Ramosé se sentait exposé à la vue du vizir. Il avait toujours eu l'impression que Ouersou voyait à travers les murs et il était terrifié à l'idée d'être découvert. Il ferma les yeux.

Depuis sa fuite dans le désert, Ramosé rêvait de plonger dans l'eau du Nil, de sentir sa fraîcheur et de respirer l'air humide autour de lui. C'était pourtant assez loin de ce qu'il avait espéré. Il avait l'impression d'être pris au piège. Il essaya d'imaginer qu'il flottait sur le Nil au lieu d'être coincé dans une jarre comme une momie dans un sarcophage. Pour se calmer, il aspira de longues goulées d'air par les narines. « Je nage dans le fleuve, se répétait-il. Je me laisse porter par le courant, parmi les poissons et les feuilles de lotus. » Heureusement, les serviteurs commenceraient par puiser dans l'autre jarre pour donner son bain au vizir.

Ramosé entendit des pas résonner tout près de lui. Un bruit de métal heurtant la terre cuite le fit sursauter. Il ouvrit les yeux. Une main apparut au-dessus de lui, armée d'une grande louche de cuivre. Ramosé prit une profonde inspiration, puis s'enfonça plus profondément. La louche parut mettre une éternité à plonger, se remplir et sortir de l'eau. Elle finit par disparaître. Ramosé remonta la tête.

Sa soif d'air était telle qu'il commença de respirer avant même que son nez fut complètement émergé. L'eau lui remplit le nez et la bouche. Il s'étrangla, sortit carrément la tête de la jarre et aspira l'air en toussotant. Heureusement, le vizir lui tournait le dos et se plaignait d'une voix forte du manque d'huiles de toilette dans cette résidence de fortune. Son serviteur était très occupé à lui verser de l'eau sur la tête. Ni l'un ni l'autre ne vit ni n'entendit Ramosé.

La louche plongea encore une bonne dizaine de fois, faisant baisser le niveau de l'eau au point que Ramosé pût bientôt avoir toute la tête à l'air libre, à l'intérieur de la jarre.

Lorsque le vizir Ouersou eut terminé son bain, Ramosé attendit que la chambre contiguë soit de nouveau silencieuse. Puis il s'extirpa de la jarre et, tout dégoulinant, sortit de la salle de bains. Il se laissa tomber sur le fauteuil doré décoré de têtes de lion et aux bras en forme de serpents ailés. Maintenant qu'il pouvait de nouveau respirer, il se laissait gagner par une amère déception. Son père ne faisait pas partie de la troupe d'inspection. Seules deux chambres avaient été préparées : celle-ci et celle d'en face, de toute évidence destinée à une femme. Il avait cru son calvaire terminé, et il n'en était rien. Son père restait aussi inaccessible que jamais. Ses plans étaient fichus.

Il entendit des pas approcher, puis le fracas d'un plateau renversé et un chuchotement énervé. Il ne bougea pas. Tant pis s'il était découvert. Un visage passa par la porte, un visage sombre encadré d'une torsade de tissu vert et rouge. C'était Karoya. Elle se glissa sans bruit dans la chambre. Il y eut un nouveau fracas, et Hapou entra en trébuchant, porteur d'un grand plateau de cuivre chargé de fruits.

– Ton ami est aussi discret qu'un éléphant, chuchota Karoya, furieuse, à l'adresse de Ramosé tout en foudroyant Hapou du regard. Je t'avais dit de ne pas me suivre, ajouta-t-elle pour le compte de Hapou.

Hapou était en général plutôt adroit, mais son visage trahissait sa nervosité.

– On pourrait nous mettre à mort pour moins que ça, dit-il. Qu'est-ce que tu fais ici ? demanda-t-il à Ramosé.

– C'est une longue histoire, fit le jeune prince avec un soupir.

– Lève-toi de cette chaise ! Tu vas l'abîmer en dégoulinant dessus comme ça. L'or va s'écailler.

Ramosé ne fit pas attention.

– Pharaon n'est pas venu, commenta Karoya.

– Je sais, dit Ramosé d'une voix désespérée.

– Je ne comprends vraiment pas ce que tu es venu faire ici, dit Hapou. On dirait vraiment que tu cherches les ennuis.

– Je ne cherche pas les ennuis.

– Eh bien, alors sortons avant que quelqu'un n'arrive.

Ramosé n'esquissa pas un mouvement. Karoya le prit par le bras.

– Viens, Ramosé ! ordonna-t-elle.

Elle le mit debout et alla passer la tête par la porte.

– La voie est libre.

Elle sortit dans le couloir, sans lâcher Ramosé.

– Prends le plateau, ordonna-t-elle à Hapou. Au cas où on croiserait quelqu'un.

Ils venaient à peine de sortir dans le couloir que des rires se firent entendre. On approchait. Un groupe de femmes surgit, bavardant et riant. Elles semblaient irréelles avec leurs robes blanches et leurs bijoux. Une odeur de parfum emplit le couloir. Karoya se figea.

– Continue d'avancer, chuchota Hapou. Ne les regarde pas.

Karoya obéit, tirant toujours Ramosé à sa suite. La tête baissée, la démarche assurée, ils croisèrent le groupe de femmes. Au moment où ils les dépassaient, l'une d'elles dit :

– J'espère qu'ils auront apporté du lait de gazelle de la vallée.

Ramosé s'arrêta brusquement et se tourna vers celle qui venait de parler.

– Hatchepsout !

CHAPITRE 13

– Qui a prononcé le nom de la princesse Hatchepsout ? demanda l'une des femmes.

– Ramosé, qu'est-ce que tu fais ? chuchota Hapou, incrédule à l'idée que son ami se fût encore mis dans un mauvais pas. Mais qu'est-ce que tu fais ? On était presque sortis.

Ramosé ne les entendit ni l'un ni l'autre. Il contemplait sa sœur. Il n'y avait que deux mois qu'il ne l'avait pas vue, mais elle avait beaucoup changé. La petite fille s'était muée en jeune femme. Les émotions assaillirent le prince : l'amour, la fierté, la nostalgie. Karoya contemplait, bouche bée, la superbe princesse.

Hatchepsout portait une robe blanche éblouissante qui tombait en petits plis plats à partir de la poitrine. Un grand collier d'or et de milliers de petites pierres semi-précieuses formant un superbe motif de fleurs de lotus lui ceignait le cou. Elle avait des bracelets et des boucles d'oreilles assortis. Elle était coiffée d'une perruque divisée en une multitude de tresses minuscules, terminées chacune par une perle d'or en forme de coquille de cauri, le tout surmonté d'une couronne en or ornée d'une tête de serpent dressé. Elle avait les yeux bordés de khôl et les paupières fardées d'un vert chatoyant. On aurait dit une déesse.

Ne sachant que faire devant une telle apparition, Hapou tomba à genoux et s'inclina devant elle. Ramosé sourit à sa sœur et tendit la main pour s'assurer qu'elle était bien réelle. Hatchepsout écarta son bras avant qu'il puisse la toucher. Ses quatre suivantes se resserrèrent autour de leur maîtresse comme pour l'empêcher d'être contaminée par la présence d'un être aussi inférieur.

– Que veux-tu, serviteur ? demanda Hatchepsout d'une voix mélodieuse comme la musique d'un luth. Que fais-tu dans cette partie du palais ? Seules mes servantes et les serviteurs du vizir sont autorisés à pénétrer ici.

Karoya ouvrait des yeux grands comme des soucoupes. Hapou voulut parler, mais n'y parvint pas. Ramosé perdit son sourire. Il comprit que sa sœur ne voyait pas qui il était.

– Pénou, dit-il, tu ne me reconnais pas ? C'est moi, Ramosé.

Hatchepsout se retourna pour examiner son visage.

– Ramosé ? répéta-t-elle.

– Ton frère.

L'expression calme et assurée de la princesse s'évanouit tandis qu'elle examinait le garçon aux cheveux trempés et au pagne taché qui se tenait devant elle. La princesse posée ne fut bientôt plus sous les yeux de son frère qu'une jeune fille troublée. Elle scruta son visage.

– Ramosé ?

– Tu as tellement changé en si peu de temps. Ai-je changé autant que toi ?

Hatchepsout tendit la main pour écarter une mèche de cheveux mouillés du visage du garçon et toucher la cicatrice sur son front.

– Ramosé, c'est bien toi ?

– C'est moi, Pénou, assura Ramosé.

Hatchepsout serra son frère dans ses bras. Ramosé sentit la joue humide de la princesse contre la sienne, et il eut envie de pleurer de bonheur. Il avait retrouvé sa sœur.

Dans la chambre de Hatchepsout, Ramosé s'assit près d'elle sur le sofa doré en forme de gazelle et lui raconta toute l'histoire. Il lui expliqua sa mort feinte, sa fuite au village des artisans bâtisseurs de tombeaux et comment le bannissement de son précepteur, Kénében, avait coupé le seul fil qui le reliait encore au palais. Il lui dit combien elle lui avait manqué. Hapou écoutait, bouche bée, ce récit qu'il entendait pour la première fois. Hatchepsout avait pâli sous le choc.

– Tu as été très courageux, dit-elle lorsqu'il eut terminé. Notre père serait fier de toi.

– Je croyais que Père devait participer à l'inspection des tombeaux, dit Ramosé.

–Il ne va pas bien. J'ai pris sa place à la dernière minute, expliqua Hatchepsout, le visage voilé de tristesse. Il est tombé malade pendant qu'il était au pays de Kouch.

La princesse lança un regard vers Karoya.

–Il faut que je le voie, dit Ramosé. Il faut qu'il sache que je suis encore en vie.

–Je ne crois pas que ce soit le bon moment pour rentrer, commenta Hatchepsout. Moutnefret est plus puissante que jamais. Elle se comporte comme si son rejeton était déjà pharaon. Ouersou et elle agissent en corégents. Père est trop mal pour se rendre compte de ce qui se passe.

–Qu'est-ce que tu veux que je fasse ? Que je reste ici jusqu'à la fin des temps ?

–Mais non, bien sûr, dit Hatchepsout en prenant son frère par la main. Attends encore un peu. Attends que Père se remette. Je vais faire en sorte que Kénében soit rappelé à Thèbes. Je te préviendrai dès que tu pourras revenir sans danger au palais, quand Ouersou et Moutnefret seront partis. Cela ne prendra pas longtemps, je te le promets.

–Je veux rentrer, Pénou.

Ramosé sentit les larmes lui monter aux yeux. Il ne pouvait les retenir. Les souvenirs affluaient soudain.

Hatchepsout le serra de nouveau dans ses bras.

–Je n'arrive pas à imaginer ce que tu as enduré, la vie que tu as dû mener, tout seul, abandonné.

–Je n'étais pas seul, dit-il en se tournant vers Karoya et Hapou.

Dès que la princesse posa les yeux sur Hapou, celui-ci tomba de nouveau à genoux.

–Voici Hapou, annonça Ramosé. Il est apprenti peintre au Grand Lieu. Nous avons travaillé ensemble au tombeau de Père. Il est devenu un bon ami.

–Tout cela a l'air de le laisser pantois, dit la princesse en souriant.

–Il vient juste d'apprendre qui je suis.

Il se tourna vers Karoya.

–Et je te présente Karoya. C'est une esclave de Kouch qui moud le grain pour le compte du scribe.

–Une esclave ? Tu as une bien étrange collection d'amis, Ramosé.

–Karoya m'a sauvé la vie.

–La jeune esclave ne paraît pas très étonnée de savoir qui tu es.

–Je le lui avais déjà dit. Elle l'avait à moitié deviné de toute façon.

–Une esclave très futée, semble-t-il.

–Une esclave très curieuse, précisa Ramosé en souriant à Karoya.

Hatchepsout avait recouvré son calme. Elle se tenait et s'exprimait de nouveau comme une princesse.

–Tiens, dit-elle en prenant un de ses bracelets qu'elle tendit à Karoya. Pour te récompenser d'avoir veillé sur mon frère. Je me doute que ton aide n'a pas été superflue.

– Je n'ai pas besoin de récompense, répliqua Karoya en regardant la princesse dans les yeux.

– Alors accepte-le comme un cadeau de ma part.

Karoya prit le bracelet et le retourna entre ses mains afin qu'il reflète les rayons du soleil qui pénétraient à l'oblique par les grilles du toit.

Hatchepsout baissa les yeux sur Hapou, qui était toujours agenouillé.

– Relève-toi, dit-elle en lui touchant la tête.

Hapou se leva, rougissant sous le regard de la princesse.

– Je voudrais te remercier, toi aussi, d'avoir aidé mon frère, dit-elle.

Elle s'approcha d'un coffre et l'ouvrit. Il était rempli de bijoux. Karoya semblait fascinée.

– Je n'ai jamais vu tant d'or et de joyaux, dit-elle.

– Oh, ce n'est que mon coffret de voyage, dit Hatchepsout en plongeant la main dedans.

Elle en sortit une petite amulette au bout d'une chaîne en or.

– Tiens, dit-elle. Prends ceci. C'est un nœud d'Isis, afin que la déesse te protège.

Hapou prit l'amulette dans sa main. Elle était en jaspe rouge et soigneusement ornée de tiges de papyrus gravées. Il voulut remercier la princesse, mais sa voix lui fit de nouveau défaut. Hatchepsout sourit à l'apprenti peintre, consciente de l'effet qu'elle produisait sur lui. Elle se tourna vers Ramosé.

– Je dois aller assister à un banquet. Ouersou va se demander ce que je fais.

Ramosé regarda les femmes présentes.

– Peut-on leur faire confiance ?

– Oui. Elles m'obéiront en tout, assura Hatchepsout. L'une d'elles vous escortera jusqu'à la porte de la résidence pour que je sois sûre que vous êtes sortis sans encombre.

Ramosé embrassa sa sœur et s'accrocha à elle comme pour la retenir. Elle se dégagea doucement. Ramosé la regarda quitter ses appartements. Une part de lui aurait donné n'importe quoi pour la suivre et retrouver son ancienne vie. Mais l'autre part de lui-même savait qu'il devait poursuivre ce qu'il avait commencé. Il se tourna vers ses amis.

– Elle est... dit Hapou.

Ce fut tout ce qu'il parvint à dire.

Ramosé sourit.

– Nous ferions mieux de sortir d'ici, commenta-t-il en les conduisant dans le couloir.

Lorsqu'ils arrivèrent dehors, ils furent surpris de découvrir qu'il faisait presque nuit. Et plus surpris encore de trouver six gardes royaux leur barrant le chemin avec leurs lances à long manche. Une grande silhouette mince en tunique longue sortit de l'ombre. Elle tenait une lampe serrée dans ses mains pareilles à des insectes. C'était le vizir Ouersou. La lampe projetait des ombres marquées sur son visage de crocodile. Derrière lui se dressaient deux silhouettes plus petites vêtues du pagne des artisans des tombeaux : Ouéni et Nakhtamon.

Ramosé resta derrière Karoya, dans une demi-obscurité où le vizir ne pouvait voir son visage.

– Fouillez-les ! commanda le vizir Ouersou.

Trois gardes s'avancèrent et se saisirent de Ramosé et de ses compagnons.

– Ne me touchez pas ! hurla Karoya en donnant des coups de poing au garde qui voulait fouiller sa ceinture.

Celui-ci trouva le bracelet de la princesse et le brandit aussitôt.

Le garde qui retenait Hapou trouva sans peine l'amulette que la princesse avait donnée au garçon.

– Vous voyez, je vous avais dit qu'ils étaient venus pour voler, s'exclama triomphalement Nakhtamon.

– Nous ne trouvons rien sur celui-ci, monsieur, dit le garde qui fouillait Ramosé. Attendez un peu. Faites un peu de lumière.

Le vizir s'approcha de Ramosé.

– Il cache quelque chose dans sa main.

Le garde saisit la main du garçon et lui ouvrit brutalement les doigts. Ramosé serrait dans le creux de sa paume son scarabée de cœur. La lueur de la lampe illumina le bleu et l'or du scarabée tandis qu'un effet d'optique le faisait paraître énorme.

– C'est un scarabée de cœur, constata le vizir en rapprochant sa lampe de l'objet. Un scarabée royal, apparemment.

– C'est un pilleur de tombe ! cria Ouéni. Je savais qu'il préparait quelque chose.

Craignant que le vizir ne le reconnaisse, Ramosé détourna la tête.

– Ce n'est pas un pilleur de tombe ! protesta Hapou. Vous ne savez pas à qui vous avez affaire !

Le vizir se tourna vers Hapou.

– Tu vas regretter d'avoir fait ça, Ouéni, poursuivit Hapou. Ramosé n'est pas un voleur, c'est...

– Quelqu'un que j'ai fait venir à la résidence, fit une voix posée, derrière eux.

Tout le monde se retourna. La princesse Hatchepsout s'approchait d'eux, à la lumière de quatre lampes portées par ses compagnes. Le cercle de lumière ne descendait pas plus bas que ses genoux, donnant l'illusion qu'elle flottait au-dessus du sol. Les yeux rouges de la tête de serpent qui ornait sa couronne brillaient.

– J'ai trouvé qu'il serait amusant de rencontrer des gens de mon âge qui vivent et travaillent ici, dans le désert, dit Hatchepsout en regardant le vizir Ouersou droit dans les yeux. Pourquoi pointez-vous des lances sur mes invités ?

– On m'a annoncé que c'étaient des voleurs, dit le vizir Ouersou. L'esclave avait sur elle ce qui ressemble fort à l'un de vos bracelets, Altesse.

– C'est un cadeau de ma part, tout comme l'amulette que j'ai donnée au jeune garçon qui rougit si facilement.

Hapou piqua un fard.

– Et qu'en est-il du scarabée de cœur ? Il a forcément été dérobé dans un tombeau.

Ramosé coula un regard vers sa sœur. Le scarabée serait plus difficile à justifier. Elle n'avait rien perdu de son calme.

– Vraiment, vizir Ouersou, fit Hatchepsout en riant. Ne pouvez-vous reconnaître un vrai scarabée en lapis-lazuli d'une de ces copies en céramique peinte qu'on peut acheter dans tous les marchés de la ville ?

Le vizir examina la pierre à la faible lumière de sa lampe. Ramosé garda la tête de côté sans lâcher son scarabée de cœur.

– Et maintenant, vizir, reprit Hatchepsout, si vous en avez terminé, je crois que vous avez assez fait attendre les responsables des chantiers. Ils se demandent où vous êtes.

Le vizir Ouersou était furieux qu'on l'ait fait passer pour un imbécile.

– Je veillerai que vous receviez chacun dix coups de fouet et une amende d'un mois de salaire, lança-t-il à Ouéni et Nakhtamon en les foudroyant du regard.

Hatchepsout fit demi-tour et retourna tranquillement à l'intérieur de la résidence royale, flottant dans le halo de lumière fourni par ses suivantes.

– Venez, vizir, dit-elle.

Le vizir congédia les gardes d'un mouvement de tête et suivit la princesse. Les hommes d'armes escortèrent Ouéni et Nakhtamon. Ramosé regarda sa sœur jusqu'à ce qu'elle eût disparu. Hapou se tourna vers son ami.

– Pourquoi ne m'as-tu pas dit que tu étais un prince ? demanda-t-il. Tu avais peur que je ne sache pas garder ton secret ?

– Ce n'est pas ça, assura Ramosé. Mais c'est un secret dangereux à connaître. Je ne voulais pas te faire courir ce risque.

Visiblement troublé, Hapou regarda son ami.

– Je ne sais plus comment je dois te parler, maintenant.

– Parle-lui comme tu l'as toujours fait, s'exclama Karoya. Il est le même que celui que tu prenais pour un apprenti scribe.

Hapou n'avait pas l'air convaincu.

– Elle a raison, dit Ramosé. Quand je suis arrivé ici, je n'étais qu'un prince trop gâté. Je crois que j'ai changé.

– Oh, commenta Karoya, et qu'est-ce que tu es, maintenant ?

Ramosé réfléchit un instant.

– Je suis toujours un prince, dit-il. Mais maintenant, je suis un prince qui sait ce que c'est que de se salir les mains.

Karoya éclata de rire.

*

Ramosé se tenait sur une colline rocheuse et aride. Il regarda autour de lui. Pas un brin d'herbe ne poussait. Il baissa les yeux. Ses vêtements étaient poussiéreux et ses sandales de roseau usées. Il savait exactement où étaient celles en cuir rouge à bout recourbé : elles avaient été jetées des semaines plus tôt dans la fosse à ordures, devant le village des artisans.

Il entendit un chant funèbre s'élever du pied de la colline. Une procession s'étirait en bas, dans la vallée. Un prêtre à tête de chacal ouvrait la marche. Le soleil se reflétait sur l'or et les joyaux. Un beau cercueil reposait sur un traîneau ouvragé tiré par six bœufs. Six prêtres suivaient. Tous étaient vêtus d'une tunique blanche éclatante et d'une peau de léopard drapée sur leurs épaules. Il s'agissait d'une procession funéraire. Le garçon redoubla d'attention. Allait-on mettre beaucoup d'objets dans le tombeau ? Y avait-il beaucoup de monde pour suivre le cortège ?

Cet enterrement avait de quoi l'intéresser tout particulièrement.

C'était le sien.

C'était exactement comme dans le rêve qu'il avait fait soixante-dix jours plus tôt, mais cette fois, il savait que ce n'était pas un rêve et qu'il n'était pas mort.

– Regarde ! dit-il à Hapou. C'est mon enterrement.

Hapou eut un sourire crispé. Il fallait encore qu'il s'habitue au fait que son ami soit un prince.

– C'est impressionnant. Les traîneaux peints et tout ce qui va entrer dans le tombeau paraissent superbes, d'après ce que je peux en voir.

Karoya était à sa gauche, la tête enveloppée dans une étoffe vert et rouge pour se protéger du soleil. Le cadeau de la princesse brillait à son bras.

– Tout ça pour un malheureux apprenti scribe, plaisanta-t-elle.

Ramosé sourit à ses amis. C'est pour cela qu'il savait qu'il ne rêvait pas. Dans son rêve, il était seul et effrayé dans un lieu inconnu. Maintenant, il savait où il était, il savait où il allait et il n'était plus seul.

Il regarda au-delà des montagnes désertiques, en direction de la verte vallée du Nil et du ruban d'argent que formait le fleuve. Quelque part à l'intérieur des murs blanchis à la chaux, au bord de l'eau, sous les oriflammes colorées qui claquaient au sommet des mâts à sommet doré, sa sœur l'attendait. Son destin était là-bas, dans le palais qui se dressait sur la rive du fleuve merveilleux. Mais, pour l'instant, il avait sa vie à vivre de l'autre côté de la montagne, au Grand Lieu, son travail à accomplir. Il se retourna vers le sentier.

NOTE DE L'AUTEUR

L'histoire de l'Égypte ancienne couvre une période de 3 000 ans, allant d'environ 3000 à 30 av. J.-C. Les Égyptiens vivaient donc il y a très longtemps, mais nous disposons de beaucoup d'informations sur eux. Cela en partie grâce aux tombeaux qu'ils construisaient pour préserver la dépouille de leurs pharaons. Ces tombeaux contenaient en effet tout le matériel nécessaire à la vie dans l'au-delà : meubles, ustensiles de cuisine, vêtements. Les murs de ces tombeaux étaient décorés de scènes de la vie quotidienne. Ces monuments funéraires ont été pillés ou détruits au cours des millénaires, mais il en reste suffisamment pour nous donner beaucoup d'indications sur la manière de vivre des Égyptiens.

Mais si nous en savons autant sur l'Égypte ancienne, c'est aussi parce que les Égyptiens aimaient écrire. Ils tenaient des registres de tout ce qu'ils faisaient. Près du village des artisans qui travaillaient aux tombeaux, dans la région que l'on connaît aujourd'hui sous le nom de vallée des Rois, les archéologues ont découvert une fosse à ordures, remplie de milliers d'éclats de pierre couverts d'écriture. Grâce à ces plaques, nous avons appris quantité de détails sur la vie de ces gens ordinaires : ce qu'ils mangeaient, ce qu'ils gagnaient, les disputes qui les opposaient parfois. C'est en lisant des comptes-rendus de l'existence de ces ouvriers, qui sont morts il y a 2000 ans, que m'est venue l'idée d'écrire cette histoire.

C. W.

POUR EN SAVOIR PLUS...

Amon (p. 8) : son nom signifie le « caché », car c'est un dieu mystérieux. Le dieu de Thèbes est devenu petit à petit l'un des dieux les plus puissants du royaume, sous le nom d'Amon-Rê. Représenté comme un homme, souvent à tête de bélier, il est le dieu de l'air et de la fécondité.

Amulette (p. 10) : talisman porté par les Égyptiens pour se protéger de la maladie et du mauvais sort. On insérait également des amulettes entre les bandelettes enroulées autour des momies, pour porter chance aux morts durant leur voyage dans l'au-delà.

Hatchepsout (p. 11) : la sœur de Ramosé a réellement existé. Cette reine d'Égypte est même l'une des plus fortes figures féminines de l'Égypte ancienne. Elle est fille du pharaon Thoutmosis Ier et d'Ahmosis. Vive, ambitieuse, elle n'aura de cesse d'exercer la réalité du pouvoir. Pour cela, elle n'hésite pas à épouser son demi-frère, Thoutmosis II, héritier du trône. Ce dernier s'intéresse peu à la marche du royaume : il préfère passer son temps à faire la fête avec les femmes de son harem. La situation convient parfaitement à Hatchepsout, qui gouverne d'une main de fer, y compris après la mort de son mari. Car Thoutmosis II laisse un fils qui n'est qu'un enfant. Hatchepsout dirige donc le royaume en tant que régente, et fait même carrément placer le jeune pharaon en résidence surveillée dans le temple d'Amon, à Karnak. Ce dernier ne montera effectivement sur le trône qu'à la mort de la régente. Hatchepsout aura dirigé l'Égypte, sans régner véritablement, pendant plus de vingt ans (1505-1484 av. J.-C.). Elle s'attache à maintenir la paix, développe les échanges commerciaux, notamment avec le Sud.

Hiéroglyphes (p. 17) : les hiéroglyphes apparaissent dès la fin de la préhistoire, 3 500 ans avant J.-C.. Il s'agit d'un mélange de très nombreux idéogrammes, signes qui représentent des objets ou des actions (le soleil est par exemple représenté par un disque), et de vingt-quatre phonogrammes, signes qui représentent des sons (uniquement des consonnes). Les hiéroglyphes sont de véritables dessins, souvent longs à reproduire. Ils sont donc généralement réservés aux inscriptions officielles, sur les temples ou les monuments. Pour les besoins de la vie courante, les scribes ont recours à une écriture plus simple, plus rapide, appelée « démotique ».

Horus (p. 109) : Horus était un dieu à tête de faucon. Il perdit un œil dans une bataille, mais la déesse Hathor le lui rendit. Cet œil devint le symbole de la guérison et se retrouve dans de nombreuses peintures et sculptures.

Monde souterrain (p. 91) : les Égyptiens croyaient que la Terre était un disque plat. Sous la Terre, il y avait le monde souterrain, lieu de nombreux périls. Les Égyptiens pensaient qu'après leur mort, ils devaient d'abord franchir le monde souterrain avant de pouvoir vivre éternellement dans l'au-delà.

Nil (p. 9) : c'est le plus long fleuve du monde. Il prend sa source au cœur de l'Afrique, dans la région des Grands Lacs (Victoria, Tanganyika), et se jette dans la mer Méditerranée au niveau du delta égyptien. Les frontières de l'Égypte ancienne ont fluctué, mais se sont toujours situées aux abords des cataractes, les rapides qui ponctuent le parcours du Nil de Khartoum à Assouan. Les Égyptiens ont conscience que leur pays est un don du « Grand Fleuve », comme ils l'appellent. C'est lui qui leur assure des terres fertiles, une végétation abondante, de l'eau pour l'irrigation et les puits. Il constitue la « route » principale, et la « frontière » qui sépare vivants et morts...

Scribe (p. 14) : c'est « celui qui sait écrire ». Dans une société majoritairement analphabète, les scribes jouissent d'un pouvoir et d'un prestige exceptionnels. Fonctionnaires de l'État égyptien, ils forment une véritable classe de privilégiés, jouant un rôle fondamental dans l'administration du royaume, la perception des impôts, la justice et la gestion des temples.

Sénet (p. 66) : jeu de société qui se pratiquait à deux joueurs, disposant de sept pions chacun, sur un plateau rectangulaire divisé en trente cases. Les archéologues ont retrouvé de nombreux plateaux de sénet dans les tombes, mais n'ont pas pu reconstituer les règles de ce jeu.

Stèle (p. 86) : plaque de pierre ou de bois portant une inscription ou une peinture utilisée lors de funérailles. La stèle comprend des prières aux dieux et mentionne souvent toutes les offrandes et dévotions que le défunt a adressées aux dieux lorsqu'il était en vie.

Thèbes (p. 9) : c'est la capitale politique et religieuse de l'Égypte, où réside le pharaon, où s'élèvent les temples dédiés au dieu Amon et à sa famille, aujourd'hui appelés temples de Karnak et de Louxor.

Thoutmosis Ier (p. 11) : le père de Ramosé est né d'une concubine du pharaon Aménophis Ier, nommée Senseneb. Pour légitimer ses droits au trône, il n'hésite pas à épouser sa demi-sœur Ahmosis qui, elle, est fille légitime d'Aménophis. Il commence son règne par la conquête de la Nubie, au sud de l'Égypte. Il porte ensuite la guerre vers le nord, vers la Syrie actuelle, et parvient aux bords de l'Euphrate. Ce conquérant est aussi un bâtisseur : il fait notamment agrandir et embellir le temple de Karnak. À sa mort, c'est son fils né de sa concubine Moutnéfert, Thoutmosis II, qui lui succède.

Tombe (p. 28) : qu'elle soit couverte d'une pyramide ou creusée dans la falaise, la tombe égyptienne comprend en général deux parties : l'une secrète, le caveau proprement dit, où repose la momie, et où sont entreposés les objets qui rendront sa vie dans l'au-delà plus agréable (c'est parfois un véritable trésor !) ; l'autre est ouverte sur l'extérieur : c'est la chapelle funéraire, où les vivants peuvent apporter des offrandes. Seuls les riches Égyptiens pouvaient se faire construire de telles tombes. Les plus pauvres étaient simplement enterrés dans le désert.

QUELQUES REPÈRES...

3200 av. J.-C. : Narmer fonde la Ire dynastie.

2780-2280 : Ancien Empire (IIIe-VIe dynasties). Capitale : Memphis.

2280-2052 : 1re période intermédiaire (VIIe-XIe dynasties). Crise politique et religieuse.

2052-1778 : Moyen Empire (XIIe dynastie). Réunification de l'Égypte autour de Thèbes et du culte d'Amon.

1778-1567 : 2e période intermédiaire (XIIIe-XVIIe dynasties).

1567-1085 : Nouvel Empire (XVIIIe-XXe dynasties).

- Thoutmosis Ier.
- Thoutmosis II et Hatchepsout.
- Aménophis IV (Akhenaton) et Néfertiti.
- Toutankhamon.
- Les Ramsès.

1085-715 : 3e période intermédiaire (XXIe-XXIVe dynasties).
Le pays se divise entre le Nord (capitale : Tanis) et le Sud (capitale : Thèbes).

715-330 : Basse Époque (XXVe-XXXe dynasties).
330-31 : époque grecque. Capitale : Alexandrie.
31 av. J.-C. : conquête romaine.

POUR ALLER PLUS LOIN...

Romans et récits

BRISOU-PELLEN (Évelyne), *La Vengeance de la momie*, Hachette-Jeunesse, 2001.

ÉVANO (Brigitte), *Contes et légendes de l'Égypte ancienne*, coll. « Contes et légendes », Nathan, 1998.

GAUTIER (Théophile), *Le Roman de la momie*, coll. « Folio Junior », Gallimard-Jeunesse, 1998.

JAY D'ALBON (Françoise), *Le Secret d'Akhénaton*, Magnard-Jeunesse, 2003.

SURGET (Alain), *L'Assassin du Nil*, Père Castor-Flammarion, 1999, *Tirya, Le complot du Nil*, Flammarion, 2002, *Le Cavalier du Nil*, Père Castor-Flammarion, 2000.

VALABRÈGUE (Jackie), *Le Secret du scarabée d'or*, coll. « Milan Poche Junior », Milan, 2000.

WEULERSSE (Odile), *Les Pilleurs de sarcophages*, coll. « Livre de poche jeunesse », Hachette-Jeunesse, 2001.

Bandes dessinées

CONVARD (Didier), MOSDI (Thomas), BIHEL (Frédéric), *Les Héritiers du Soleil*, 13 vol., Glénat.

DE GIETER (Lucien), *Papyrus*, 26 vol., Dupuis.

GOSCINNY (René), UDERZO (Albert), *Astérix et Cléopâtre*, Hachette, 2000.

MARTIN (Jacques), MORALES (Rafael), *Le Prince du Nil, Le Sphinx d'or*, coll. « Alix », Casterman, 2000.

Documentaires

ALLEMAND-BAUSSIER (Sylvie), *L'Égypte ancienne*, coll. « Regard junior », Mango-Jeunesse, 2002.

BAVAY (Laurent), GALLET (Laetitia), TALLET (Pierre), *L'Égypte, tout ce qu'on sait et comment on le sait*, De La Martinière Jeunesse, 2003.

GANERI (Anita), *L'Égypte au temps des pharaons*, coll. « Miroirs de la connaissance », Nathan, 1997.

HART (George), *Mémoire de l'Égypte*, coll. « Les yeux de la découverte », Gallimard, 2002.

Tes héros dans l'Histoire

– 3000 av. J.-C. | 476 apr. J.-C.

Préhistoire | Antiquité | Moy

Rahan
La Guerre du feu

Ramosé

Les chevalier
Notre-D

MARUÉJOL (Florence), *Atlas de l'Égypte des pharaons*, Casterman, 2002.

MICHAUX (Madeleine), *L'Égypte au temps des pharaons*, coll. « Essentiels Milan Junior », Milan, 2003.

SCHWENTZEL (Christian-Georges), *L'Égypte des pharaons*, coll. « Les Encyclopes », Milan, 2002.

Films

Les Dix Commandements, de Cecil B. DeMille, 1956.

Mission Cléopâtre, d'Alain Chabat, 2002.

e | 1492 Époque moderne | 1789 Époque contemporaine

ble ronde — *Les trois mousquetaires* — *Lucky Luke*

Paris — *Le Pacte des loups* — *Harry Potter*

Les cartes, le glossaire, la chronologie et la bibliographie
sont de la seule responsabilité des Éditions Milan.

Loi 49-956 du 16 juillet 1949
sur les publications destinées à la jeunesse

Achevé d'imprimer par Novoprint
en Espagne
Dépôt légal : 4e trimestre 2008